安庆师范大学学术著作出版基金资助成果

我国研究型大学国际化战略与实施策略研究

The Study on Internationalization Strategy and Implementation Tactics about Research Universities in China

丁仕潮　著

中国科学技术大学出版社

内 容 简 介

本书结合战略管理理论与高等教育理论，对我国研究型大学国际化战略进行了系统研究。首先，从要素流动和驱动力的角度进一步完善了大学国际化的概念内涵。其次，提出了我国研究型大学国际化的战略主动型发展模式，并深入研究了我国研究型大学战略主动型国际化模式的实施过程。在战略主动型模式下，基于生命周期理论，以国际论文为基础构建了我国研究型大学国际化评价模型。通过模型实例演算，判断出国际化不同阶段参与主体的重要性。再次，对我国研究型大学国际化实施过程中可能出现的风险进行了识别与判断，为国际化的顺利推进提供决策参考。最后，以中国科学技术大学为对象，详细介绍了该校的国际化战略目标与实施情况。

图书在版编目(CIP)数据

我国研究型大学国际化战略与实施策略研究/丁仕潮著. —合肥：中国科学技术大学出版社，2019.3

ISBN 978-7-312-04398-7

Ⅰ.我… Ⅱ.丁… Ⅲ.高等教育—国际化—研究—中国 Ⅳ.G649.2

中国版本图书馆 CIP 数据核字(2018)第 081944 号

出版 中国科学技术大学出版社
安徽省合肥市金寨路 96 号，230026
http://press.ustc.edu.cn
https://zgkxjsdxcbs.tmall.com

印刷 合肥市宏基印刷有限公司

发行 中国科学技术大学出版社

经销 全国新华书店

开本 710 mm×1000 mm 1/16

印张 9

字数 172 千

版次 2019 年 3 月第 1 版

印次 2019 年 3 月第 1 次印刷

定价 38.00 元

序
FORWORD

随着经济全球化和信息技术的深入发展,国际化改变了大学仅依靠国内资源发展的单一模式。面对日趋紧张的国内资源及快速更新的科学知识,国际化为大学实现可持续创新发展提供了新的路径。作为高等教育的排头兵,我国研究型大学不仅担负着人才培养、科技创新等重大责任,同时还肩负着教育创新的神圣使命。由于国际化基础的不断完善,我国研究型大学国际化已经从被动响应模式逐步转变为战略主动型发展模式。面对不断变化的外部环境,获取竞争优势已经成为研究型大学国际化战略发展的关键,但是我国关于这方面的理论与实践经验都十分有限。战略管理理论是通过分析环境来判断如何为组织获取竞争优势的,因此本书结合战略管理理论与高等教育理论,对我国研究型大学国际化战略进行系统研究。

本书从要素流动和驱动力的角度进一步完善了大学国际化的概念内涵,提出了我国研究型大学国际化的战略主动型发展模式。本书从历史的角度出发,将我国大学国际化发展划分为三个不同阶段,同时总结了国外大学的三种国际化发展模式。可以看出,面对国际化环境变化和竞争压力,战略主动型发展已成为我国研究型大学国际化的必然选择。本书还深入研究了我国研究型大学战略主动型国际化模式的实施过程。本书通过对该模式进行理论回顾,将该模式的实施过程划分为四个主要阶段:(1) 战略框架的确定;(2) 组织变革;(3) 资源配置;(4) 项目实施。通过对样本大学国际化战略的文本进行梳理,提炼出了五类国际化项目,采用项目集成管理方法对这几类项目进行管理分析,同时提出了这些项目的具体实践措施。结合前人研究成果,本书找出了影响国际化发展的各类因素,同时将这些因素归纳为五个维度:国际化观念、国际化战略、国际化政策与工作机制、国际化的支撑条件和国际化绩效。本书通过构建数学模型,重点对国际化绩效指标中的国际论文进行量化讨论,为研究型大学国际化绩效研究提供参考。

此外，本书还讨论了国际化风险，并进行了量化研究，为研究型大学国际化风险提供预警。

最后，本书以中国科学技术大学为研究对象，对其国际化建设思路与策略进行介绍，进一步明晰了研究型大学国际化战略的确定与实施过程，为相关研究型大学国际化发展提供思路。

目 录
CONTENTS

第1章　绪　　论

随着全球经济一体化的深入发展，世界一流大学的全球扩张态势也在持续发展，凭借着良好的全球沟通网络，其国际合作交流活动也扩展到全球范围。依托开放的教育市场和教育要素的全球流动，国际化为其带来了较高的社会效益和经济效益。随之而来的是，大学国际化受到的重视程度已经远远超过其他任何时候，大学国际化实践和理论研究已进入了一个新的阶段。大学国际化是以教育要素国际化、交流方式多样化、合作内容广泛化为特征的，它改变了大学在本国内部的教育及科研状况，使大学自身与外部国际环境之间形成了一个有效沟通的网络，大学可以更广泛地借助国际要素来构建自己的国际化发展模式。国际化是大学实现创新发展以及获取教育竞争优势的必然选择。可以预见的是，大学国际化的趋势和范围还将进一步扩大。

1.1　研究背景

1. 人员国际交流规模不断扩大

我国加入世界贸易组织（WTO）后，为不断适应世界贸易组织对教育服务的要求，加大了对教育的改革力度。为了发挥知识流动性优势，积极吸收国外教育发展经验，我国采取一系列政策措施，促进了我国教育与世界先进教育的密切联系。教育部发布的《中国教育年鉴》显示，2004—2013年，我国各类出国留学人员规模呈现逐年扩大趋势（见图1.1）。10年间，我国出国留学人员规模增长了近3倍，其中自费留学人数从2004年的10.43万人增长到2013年的38.43万人，年均增长近3万人。这充分体现了高等教育国际化的需求及动力，以及我国大学面临着新的机遇和挑战。

语言是国际交流的前提。汉语国际推广已经成为我国教育对外开放的一项重要内容。近年来，我国进一步扩大汉语在教育体系、国际组织、国际传媒等方面学习和使用的范围，吸引更多外国人投入到汉语的学习之中，为其来华交流提供了重要支持。此外，我国国际地位仍在不断提高，尤其是近年来取得的巨大经济成就，吸引着越来越多的外国学生来华学习。10 年间来华留学的学生数由 2004 年的 11.08 万人增加到 2013 年的 35.64 万人，提高了 2.2 倍(见图 1.2)。

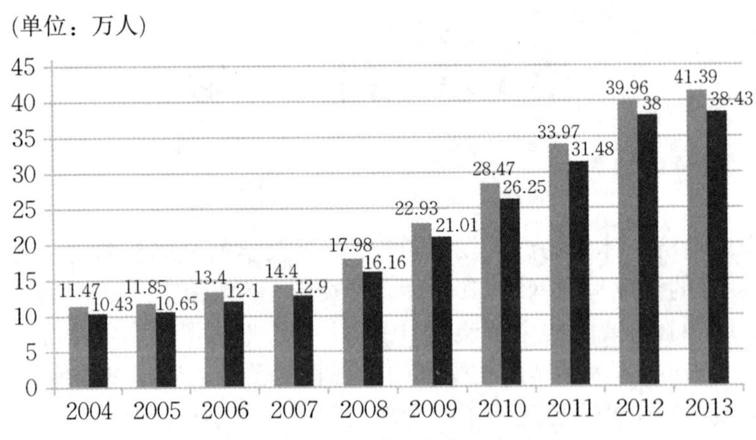

图 1.1　中国出国留学人数统计(2004—2013 年)

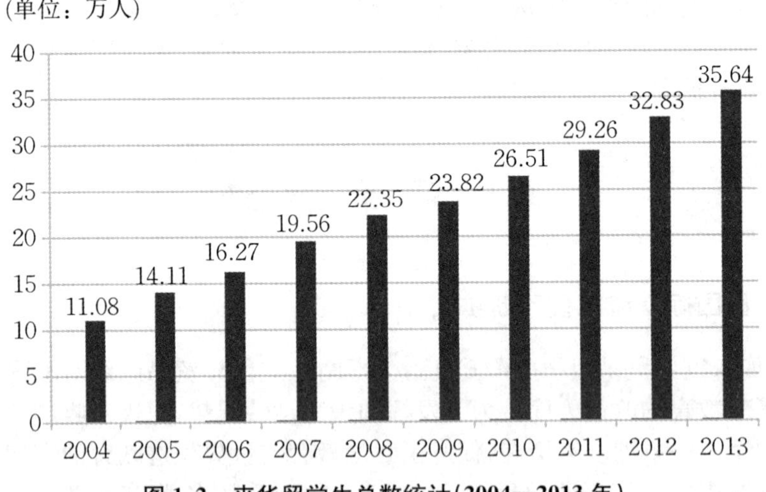

图 1.2　来华留学生总数统计(2004—2013 年)

受到金融危机的影响，国外经济发展缓慢、就业机会减少，而我国经济持续健康发展，为学成回国的留学生提供了大量的就业机会。此外，我国为回国创业人员提供了良好的创业条件，国内巨大的消费市场也为其归国创业提供了动力。10 年来，回国就业人员的数量从 2004 年的 2.51 万人上升至 2013 年的 35.35 万人，增长了 13.08 倍(见图 1.3)。

通过图 1.1 和图 1.2 的比较可以看出，出国留学与来华留学的人数均呈现逐年增长趋势，两者间的差距却呈现逐渐缩小的趋势。开放的政策环境、持续增长的国民收入、发达国家优质的高等教育资源、我国高等教育资源与需求失衡等诸多原因推动了出国留学人数的快速增长（洪柳，2013），出国留学不仅开阔了学生的国际视野，还能使其学习到先进的科学技术以及管理知识，提升了学生的人生价值，但同时也带来了留学安全、人才流失等问题。

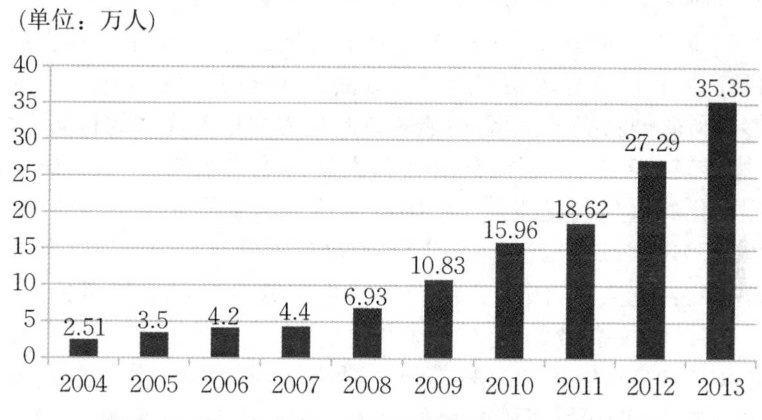

图 1.3　出国留学回国人员总数统计(2004—2013 年)

此外，为了提高我国高等教育的声誉，推进学生文化构成的多样化，我国制定了大量留学政策，以促进来华留学生规模的扩大。此类政策主要涉及四个方面：出国留学、来华留学、中外合作办学以及对外交流与合作。此类政策始终坚持为国际化服务，努力推动国际化纵深发展（朱文 等，2017）。依据政府主管部门政策制定的各类校级政策措施更能体现大学对国际化发展的考量。目前研究型大学制定的各类国际化发展政策较为注重实践操作层面，对思想与理念方面关注较少（陆根书 等，2015）。

当前，来华留学教育仍存在规模不大、教育层次不高、专业分布不均、生源地失衡等问题（陈松林 等，2012），留学生教育的发展任重道远。

教育国际化的内在表现为知识的有效传播，外在表现为教育要素双向的、良性的平衡流动。仅从学生的国际流动人数中就可以看出，我国高等教育国际化仍存在较明显的人才流失问题，近年来我国大学国际实力增强，据《Times Higher Education》世界大学排名统计，2010—2011 年，进入该排名的中国内地（不含港澳台）高校仅有 6 个，而 2012—2013 年，进入该排行榜的中国内地（不含港澳台）高校则增加到 10 个。此外，通过分析我国大学入围 ESI（Essential Science Indicate，美国科学信息研究所的基本科学指标数据库）世界前 1%学科数发现，2006—2012 年，我国大学 ESI 学科的数量持续快速增加，学科排名结构不断优化。2006 年我国大学有 ESI 学科 105 个，2012 年增加到 473 个，分别占世界 ESI 学科总数的1.0%和3%(郑燕 等,2013a)。我国大学学科建设、科研水平均有显著提升,国际影响力显著增强,对提高外国学生来华留学的吸引力具有重要作用,但是要实现"留学中国计划",乃至成为留学强国,仍面临着严峻的挑战。

2. 科研国际合作不断加强

在信息化的社会里,各类资源的共享已经成为常态。面对全球范围内不同类型高质量的科研资源,国际化为大学迅速提升自身科研水平提供了新的路径(郑如青 等,2010)。近年来我国大学科研工作有了长足的进步,但是仍存在科研经费不足、缺乏科技国际化的优良土壤和背景等方面的问题(张婷姣,2003)。而科研国际化不仅能够为科研创新提供思路,还能够在此过程中培养优秀的科研人才,尤其是青年人才(廖雅琪,2006)。此外,科研作为大学的重要职能之一,科研国际化也成为了大学国际化的重要组成部分。中国科学技术信息研究所发布的《中国科技论文统计结果(2004—2013年)》显示,以SCI数据库统计,2003—2012年收录的中国内地(不含港澳台)论文中,国际合作产生的论文数量呈现逐年增长的趋势(见图1.4),占我国SCI论文总数的20%—30%,且高质量研究成果在很大程度上是依靠国际合作完成的(韩涛 等,2013)。此外,我国作者为第一作者的论文伙伴国家数量也呈增长趋势,我国科研国际合作对象范围大大扩展(见表1.1)。但合作对象仍以美国等发达国家为主,国际合作的区域性明显。此外,科研国际化也主要以自然科学为主,人文社会科学仍存在国际化程度低、与国际发展水平差距悬殊等问题(郑燕 等,2008b)。

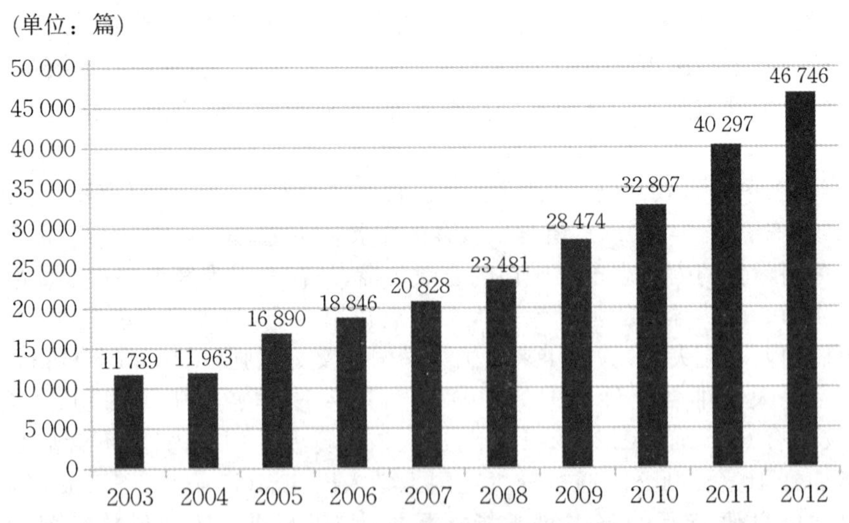

图1.4 SCI中国内地(不含港澳台)国际合著论文数量(2003—2012年)

表 1.1　SCI 国际合著论文中国人为第一作者的合作国家数

年　份	2003	2004	2005	2006	2007	2008	2009	2010	2011	2012
中国人为第一作者的合作国家数量	67	71	74	82	90	97	98	105	105	127

3. 国家大力推动教育国际化

高等教育的国际化发展不仅是一个目标，还是一个重要的手段(Zha，2003)。《中华人民共和国国民经济和社会发展第十二个五年规划纲要》中明确指出："要扩大教育开放，加强国际交流合作和引进优质教育资源。"《国家中长期教育改革和发展规划纲要(2010—2020 年)》指出要扩大教育开放，"加强国际交流与合作""引进优质教育资源""提高交流合作水平"。《高等学校"十二五"科学和技术发展规划》则指出要继续强化国际科技合作能力，要"以项目研究、人才派出和引进、基地建设为载体，进一步加强国际科技合作与交流"，要"以科技合作交流为纽带，积极开展对外文化交流"。《国家"十二五"科学和技术发展规划》则提出要从"大幅提高科研活动国际化程度""进一步完善政府间科技合作机制""积极参与国际科技组织与国际大科学计划""加强与发展中国家的科技合作""加强与中国港澳台地区的科技合作"五个方面来"提升科技开放与合作水平"。

国际化要求我国研究型大学必须以世界一流大学为建设目标，充分"借鉴先进的教育理念和教育经验"，逐步推动大学在人才培养、师资建设、学科培育等方面的改革创新，"培养大批具有国际视野、通晓国际规则、能够参与国际事务与国际竞争的国际化人才"。从 1898 年创立北京大学开始明确提出向西方学习、确立现代高等教育制度的方向，到提出建设世界一流大学，一百多年以来我国高等教育国际化的步伐从未停止。但是对于大学国际化是什么、如何开展国际化建设，学界的理论探索仍显得十分不足。对于正在推进国际化的大学而言，出现的更多新的问题该如何解决，也有待思考。因此，无论是从理论上还是从实践上都迫切需要研究适合中国大学的国际化理论和方法。

发达国家的一流大学已经取得了有目共睹的国际化成就，在创新实践方面也走在国际前列。此外，国际学术界在大学国际化的研究上也取得了大量成果。本书在认真总结国内外理论研究的基础上，通过对发达国家一流大学国际化的实践案例进行分析，提出我国研究型大学国际化的一般战略及路径框架。通过对战略过程进行分析，把理论提炼成一般方法。本书从基本内容与实施方法上对研究型大学国际化战略进行了深入研究，并提出了评估模型，以此来检验战略实施的效果。此外，还介绍了中国科学技术大学国际化实践情况。此理论的提出，开辟了利用不同学科领域的理论与方法研究大学国际化的新路径，为今后进一步的研究和实践提供了经验。

1.2 研究意义

1. 理论意义

学界目前还没有关于大学国际化战略方面的系统理论，尽管对大学国际化的研究已经较为丰富，但研究点较为分散，未成系统。此外，大多数学者都是从高等教育的角度出发展开相关论述的，从交叉学科角度出发的研究较少。因此，本书从大学国际化的内涵出发，分析了东、西方国际化发展模式，认为我国研究型大学已经进入到了战略主动型发展时期。本书把管理学中的战略管理理论引入到大学国际化的研究中，通过构建国际化的战略框架，并对战略实施的内容与方法进行分析，形成了对大学国际化战略的系统研究。这不仅丰富了大学国际化的理论研究，也为我国高等教育的深入发展提供了新思路。

2. 实践意义

国际化已经成为现代大学发展的重要方向之一。但无论是从历史的角度还是从现在大学的实践发展来看，我国的大学国际化才刚刚起步，国际化发展仍处在探索之中。本书通过对我国研究型大学国际化发展历史进行梳理，结合国外大学国际化战略的案例分析，提出了以战略管理的理论来指导大学国际化建设的思路。该理论突破了传统大学国际化研究的分散性，对战略管理视角下的研究型大学国际化建设进行了系统分析，利用管理学的基本理论与方法研究大学国际化的发展战略。这种理论移植方式为我国研究型大学国际化建设提供了一种新的模式，可操作性强，具有借鉴意义，从而为我国不同类型大学的国际化建设提供指导，进一步促进我国高等教育国际化的发展。

1.3 研究现状

1. 国外研究现状

尽管发达国家对大学国际化的理论研究较为成熟，但是研究点较为分散，包括内涵、评估以及案例介绍等，然而对研究型大学国际化战略方面的研究仍较少，可供参考的文献资料仍主要集中在教育国际化、大学国际化等方面，本研究参考的相关资料中很大一部分仍是国内学者对国外大学国际化的研究成果。通过对国外著名大学国际化过程的了解，可以发现他们具有明确的国际化目标，并且在目标指导下制定了一系列政策措施，同时在实施过程中不断地发现并解决新出现的国际化问题，由此积累了丰富的经验。此外，由于国情、校情的不同，发达国家的大学国际化战略类型及实施方式之间也有较大差异。其研究现状如下：

孙钰(2009)研究了英国高等教育政策的内容和特点。谷海玲和廖益(2007)认为大部分针对高等教育国际化动因的研究主要是从宏观方面进行分析，缺乏微观分析，他们对英国部分高校及其外部环境进行了微观层面的研究，从而更细致地描述了其动因。王英(2006)梳理了美国研究型大学的发展历史，在系统分析了霍普金斯大学的案例后，对美国研究型大学的健康发展提出了相关见解。李联明等(2007)通过介绍耶鲁大学的国际化案例，提出了相关启示。卢娜(2008)则以哈佛大学为调查对象，详细介绍了其国际化的相关情况。李延勇(2007)通过对圣荷西州立大学进行考察，揭示了美国大学的国际化战略。冯倬琳和刘念才(2013)总结了世界一流大学国际化战略的特征：以战略导向为管理重点、以战略伙伴为管理焦点和以战略实施为管理关键。李岩松(2007)通过对北京大学等三所东亚地区大学的国际化案例进行分析，揭示了东亚地区大学的国际化趋势。凌健(2007)梳理了新加坡大学国际化的改革历程。赖炳根和周谊(2009)则分析了德国高等教育国际化的历史经验。范燕瑞(2007)介绍了不列颠哥伦比亚大学的国际化战略。在对国外研究型大学国际化战略的资料搜集过程中，可以发现不同国家或地区的大学对于选择什么战略，以及采用什么措施来执行战略都有着自己的判断。因此，研究型大学国际化战略虽然是一个广泛达成的共识，但是战略具体的内容却由大学自身决定，如何实现本土化与国际化的有效衔接将成为大学国际化战略的下一步工作。

2. 国内研究现状

国内高等教育领域中，大学国际化已经成为研究热点之一，国内学者对大学国际化的研究已经从对趋势、动因等方面的研究，开始转向针对机制、策略方面的研究。但是仍集中在以高等教育理论为视角的大学国际化的微观研究，且研究点较为分散。关于研究型大学国际化战略的研究，近年来才逐渐兴起，目前发展状况如下：

黄兴(2013)认为大学国际化战略包括四个方面：学生的国际流动、课程国际化、来华留学生教育和中外合作办学。别敦荣和陈梦(2013)认为大学国际化战略应包括"走出去"、学术组织机制的国际化创新以及国际化高端拓展。房东波等(2013)通过调查，指出我国大学国际化战略主要集中在"明晰的文档"层次，校领导以及全体教职员工达成的共识是大学国际化战略成功的前提和保障。刘艳红、王庆林(2012)指出构建国际联盟是大学国际化战略的新选择。邱芸(2012)则指出地方综合性大学的三种国际化战略：本土化与国际化的结合、建立广泛的合作关系、明确的合适的国际定位。王丽敏(2011)通过运用战略管理理论，从战略联盟的角度对我国研究型大学发展战略进行了较为系统的研究。许传静(2010)通过描述我国大学国际化的发展历程,系统梳理了我国大学国际化过程中遇到的问题并开展了相应研究。赵玉璞(2009)深入思考了我国大学国际化的建设,指出五项基本建设内容:理解大学国际化的内涵,以国际化人才培养为目标导向,确定工作方向,通过健全国际化相关机制,不断完善软、硬件等基础设施建设。侯光明(2009)分析了研究型大学国际化的目标与基本内涵,从战略联盟的角度出发,提出以大学国际联盟为依托推进我国研究型大学的国际化建设,并对如何构建该联盟提出了策略建议。朱秀林(2009)以苏州大学为对象,介绍了其国际化建设情况。刘经南等(2008)认为国际化应该与本土化相结合,培养国际化人才的目的是为本土服务。董辉(2008)介绍了中国香港高等教育国际化的历程,认为"内涵式"国际化发展是香港高等教育国际化的特色,并由此实现了短期内由量向质的转变。孙玉萍(2004)以三峡大学为例,描述了三峡大学以文化传播为国际化途径,认为大学国际化的职责应该包括跨文化理解、跨国沟通以及跨国的经济合作。

综上所述,目前国内学者对大学国际化战略方面的研究成果主要体现在以下几个方面:

(1) 追溯了我国大学国际化的发展历史,阐述了国际化的重要性,并对大学国际化的形式、内容等方面进行了深入讨论,提出了相应的观点建议。

(2) 通过对国内外大学国际化战略实践典型案例进行描述,总结了大学国际化的发展特点,并提出了相应启示。

(3) 开始采用其他学科的理论及方法,如决策分析等,对大学国际化的过程、模式、评价等方面进行研究。

(4) 通过对大学国际化内容进行总结,开始探讨关于大学国际化战略方面的问题,涉及战略要素、战略目标以及相关实施的内容与方法等。但是对于战略描述还停留在描述性层面,未做理论深究。研究型大学国际化战略从制定到实施都将成为研究型大学的艰巨任务。因此,探讨研究型大学国际化战略具有现实的必要性与紧迫性。

3. 国内外实践现状

通过对国内外一流大学国际化战略实践的介绍,为我国研究型大学国际化战略的实施提供了更多参考材料。这些实践经验包括:

(1) 美国大学国际化战略经验

① 耶鲁大学国际化战略的终极目标是"全球性大学",通过制定《耶鲁国际化:2005—2008 框架》和《国际化框架:耶鲁议程 2009—2012》,通过建立组织机构、开设国际课程、加强师生国际交流、推动国际科研合作以及完善后勤系统等方面工作,建立耶鲁大学国际化战略框架。在推进国际化战略的过程中始终把学生作为

其战略核心。

② 杜克大学以“培养世界公民”为其国际化战略目标，通过实施国际化课程方案、采用多元教学方法等手段，推动国际化战略的稳步实施。

③ 加州大学伯克利分校做出了“从国内迈向国际”的全方位战略部署，并制定了系统的行动计划：成立国际办公室，建立良好的国际工作、服务关系，优化和拓展国际化资源。

④ 圣荷西州立大学在充分利用硅谷区位优势的基础上，对其国际化战略进行了有效实施：开展了组织变革，成立了国际拓展与研究部，整合了国内外两种渠道的国际化资源，提供了一系列的国际合作项目。

(2) 加拿大大学国际化战略经验

不列颠哥伦比亚大学把国际化作为其中长期规划的愿景之一。其制定的《TREK 2010发展战略》把国际化同人文、教学、科研、社会服务共同列为学校发展的五大方面。其国际化战略目标包括：① 通过课程国际化、公开讲座以及国际会议等形式加强全球意识。② 通过各种形式丰富海外学习经历。③ 积极参加各类国际活动、加入各类国际组织、鼓励师生国际任职，进一步提升国际知名度。

(3) 英国大学国际化战略经验

伯明翰大学于2006年制定了明确的国际化战略，这个战略包括：国际化内涵、国际化重要性、伯明翰大学与国际化的关系以及国际化战略四个部分，指出伯明翰大学要建设世界一流的国际性大学。伯明翰大学国际化战略内容包括：国际化的学生，国际化的教员，国际化的课程，国际化的项目、科研。

(4) 韩国大学国际化战略经验

韩国大学国际化战略主要围绕几个方面开展：① 通过“Brain Korea 21计划”把世界一流大学如麻省理工学院等列为固定对象以开展师生交流往来、跨校研究、学分互认等多种形式的合作，推动顶尖研究型大学的建设。② 为吸引外国留学生，韩国政府于2004年推出“留学韩国项目”(Study Korea Project)，计划于2012年达到10万名、2020年达到20万名外国留学生的目标。③ 通过实施“全球大学校园计划”，把国外优质的高等教育资源引入韩国。④ 根据大学的实际情况，鼓励设立海外分校。

(5) 中国香港的大学国际化战略经验

香港科技大学是成功实施国际化战略的亚洲大学。① 香港科技大学认真分析校内外有利的发展环境：香港经济腾飞为香港科技大学提供了强大的经费支撑，和平回归祖国为香港提供了良好的政治、经济环境，中国香港特区政府积极推进教育国际化。在此基础上，香港科技大学抓住了国际化发展的重要机遇。② 明确了香港科技大学的国际化战略愿景——“亚洲的MIT”。香港科技大学的《2005—2020策略发展计划》确定了其计划“成为一所在国际上具有深远影响，同时又致力于为本地服务的优秀学府”(牛欣欣,2013)的理念。最后,通过教师国际化、学生国际化、课程国际化三种战略举措来实施国际化战略。

4. 现状述评

通过比较分析,可以看出国外学者关于大学国际化的研究范围较广,涉及国际化基本内容、国际化问题以及国际化创新项目的实施情况,等等。而国内关于大学国际化方面的研究仍停留在概念内涵、发展趋势等几个理论问题方面。但是国内外文献中关于大学国际化战略方面的都较少。目前关于大学国际化战略方面的研究仍以现有的高等教育以及战略管理理论为基础,开展关于战略框架、战略路径、战略实施以及战略评估方面的研究。学者们对大学国际化以及高等教育国际化也未做有效区分,大部分文献仍视二者为同一关系,很少有研究把某一类大学或者某个大学作为研究对象,开展国际化战略的系统研究。大部分关于大学国际化战略的研究仍停留在描述性层面,理论层次的提炼缺乏深度。综合国际化的特征,大学已经成为要素流动国际网中不可或缺的重要节点,而政治、经济、文化等方面与教育发展关系密切,从这个角度来说,仅仅运用高等教育理论已经无法解决大学国际化所面临的问题。为此,本书提出了运用管理学的原理与方法,结合高等教育理论来研究大学国际化战略问题。我国研究型大学面对国际化战略问题,既要注重同国情相适应,又要讲究大学间的差异性。我国研究型大学实行的仍是科层制下的管理,与国外大学差异较大。研究型大学需要结合世情、国情、校情来讨论国际化战略,既不能照搬照抄国外大学国际化战略的理论和成果,也不能漫无目的、毫无根据地进行国际化战略创新,必须制定有我国特色、学校特色的国际化战略。本书通过研究适合我国研究型大学的国际化战略概念框架,描述该框架下的战略实施路径,从组织变革、资源配置、项目实施等三个方面开展国际化战略实施的全面研究。此外,还进行了战略效果的评估,最后选取中国科学技术大学为对象进行案例研究,对其“以科研国际化带动人才培养国际化”的特色国际化战略路径进行描述,并对该战略的实施给予介绍。

第 2 章　相关基本理论介绍与基本概念界定

2.1　基本理论介绍

2.1.1　战略管理理论

1. 战略管理的概念与内涵

战略管理理论的核心思想是，根据组织的使命，通过分析组织外部环境及内部条件，从而设定组织的战略目标。为了保证该目标的有效实现，组织在整合内部各种能力的基础上，通过谋划付诸实施，并在实施过程中进行动态控制的管理过程。

战略管理一般包括三个过程：

(1) 战略制定：确定组织的任务、组织的外部机会与威胁、内部优势与弱点，建立长期目标，制定战略，以及选择特定的实施战略策略。

(2) 战略实施：树立年度目标、制定政策、激励员工和配置资源，以便使制定的战略得以贯彻执行。

(3) 战略评价：通过分析测量结果对战略形成客观评价，从而采取相关纠正措施。

2. 战略管理的特点

(1) 全局性。战略管理是以组织的全局为考察对象的。它不是只强调某一个子目标的实现或者组织中某一个部门的重要性，而是将组织的总体战略目标针对部门进行层层分解，把各部门间的协调作为战略实施的主要内容，从而实现子目标的有效衔接与整合。

(2) 长期性。战略管理是以组织的未来为目标对象的。战略管理的基础是对环境变化的预测，微观环境的变化是迅速的，但是宏观环境的变化则需要较长的时间。因此，组织战略对反馈做出响应及调整也是需要经过长期准备的。

(3) 涉及大量的资源配置问题。组织的资源是指组织在战略实施过程所需要的资源。由于战略实施是长期的,因此在实施前就要做好资源评估与准备工作。资源评估包括两个方面的内容:一是对现有资源的评估,主要是组织内部评估;二是对未来资源的评估,主要是指某些资源需要通过外部渠道获取,属于组织外部评估。战略实施是由一系列活动构成的,只有对这些活动进行统筹规划、合理配置,战略实施才能顺利进行。

2.1.2 核心能力理论

1. 核心能力理论的历史发展

核心能力理论最早可追溯到阿尔弗雷德·马歇尔在《经济学原理》中提出的企业内部成长论。马歇尔指出各个行业由不同的企业组成,这些企业在专业技能、生产成本以及市场占有率等方面表现不同。塞兹尼科(1957)提出的"特殊能力"的概念,被认为是核心能力的雏形,他认为一个组织区别于其他组织的关键在于拥有一些特殊的物质,这些物质被称为特殊能力。艾迪斯·潘罗斯(1959)在出版的《企业成长论》一书中,提出资源是企业获取经济利益的基础。他认为企业知识与能力对于企业的竞争和成长具有决定性影响。乔治·理查德森提出了企业知识论,认为企业的发展是由一系列活动组成的,这些活动需要由具备相应能力的组织承担,从而形成比较优势。纳尔逊和温特(1982)在《经济变迁中的演化理论》一书中,根据智力资源的不同,对企业进行了划分。李普曼和罗曼尔特认为企业的核心能力资源无法被复制,这必然会导致企业间的生产效率差无法被消除。沃纳菲尔特(1984)在所著的《企业资源学说》一书中提出,核心能力是企业独立性的标志,企业的发展是建立在内部成长的基础上的,内部资源是企业成长的关键要素。普拉哈德和哈默(1990)在《哈佛商业评论》上发表的《公司核心能力》一文中首次提出了核心能力的概念。他们认为企业进行决策和创新的基础是企业所有的智力资本,这种智力资本既包括企业关键或核心的技能,也包括在企业内部形成的隐性知识。企业是一个能力体系或能力集合,能力决定了企业的规模和边界,也决定了企业多元化战略和跨国经营战略的广度和深度。核心能力来自组织内的集体学习,来自经验规范和价值观的传递,来自组织成员的相互交流和共同参与。现代市场竞争与其说是基于产品的竞争,不如说是基于核心能力的竞争。基于核心能力的战略理论是在企业资源积累的发展过程中建立起来的企业特有的能力,该理论认为,企业在有效应对复杂多变的环境时,建立自身的核心能力,从而获取竞争优势。该理论既符合目前我国高校所面临的现状,也为高校自身的差异化发展提供了指导,因而本书采用这一理论来指导我国研究型大学国际化战略概念框架的构建。

核心能力理论的提出引起了各国学者的关注，并由此形成了不同的观点。这些观点主要包括资源观、知识观、技术观、整合观、网络观、元件架构观、平台观、文化观。

资源观认为企业的核心资源是独一无二的，具有专有性与不可模仿性。这些资源构成了企业的独特性。核心能力则能够使企业获取这些特殊资源，拥有并有效使用这些资源，企业以此获取较高的利润，并保持持续的市场竞争力。核心资源是企业获得发展的基础。

知识观认为企业的核心能力包括知识与信息。这些知识与信息无法被外界获取或模仿。通过学习获取知识是提高企业核心能力的最重要的手段，因此较强的学习能力会成为企业的独特优势。企业的学习能力为企业带来的竞争优势可长期保持在较高水平。企业的创新发展就是不断融合企业所拥有的各种内部知识，使之完善、丰富。这些知识主要包括四个部分:价值观、管理、技术以及技巧。

技术观认为，企业拥有的专有技术能够有效解释企业的独特性。企业的核心能力就是企业拥有的优势明显的技术。普拉哈拉德和哈默是该流派的主要代表人物。他们认为企业的核心能力存在于技术创新上，创新产品的生产与反馈可以推动技术的新发展。企业技术创新是一个长期的学习与积累的过程，这些技术不仅仅包括设计，还包括管理技术、营销技术等，体现了企业的综合能力。

整合观认为，企业是人员、技术的综合体。企业的核心能力就是对不同技能人员、不同技术、不同物质资料的整合能力。企业的整合能力是多种能力的有机融合，判断该能力强弱的关键就在于外界是否无法模仿。企业整合能力的形成与企业所拥有的知识体系密不可分。这种观点把企业看成是各个部门有效配合的完整系统，其缺点就是很难将各部分分解开来，使认识企业的复杂性大大提高。

网络观认为核心能力是一组技能的组合。这些技能的相关联系可以用一张技能网络图来表示。通过对这张网络图进行分解就可以识别企业的核心能力。

元件构架观认为企业的核心能力是由主能力即元件能力和辅能力即架构能力构成的。元件能力包括知识与技能，而架构能力则是运用知识和技术的能力。两者的密切配合是形成核心能力的关键，因而具有系统性。

平台观认为企业的核心能力包括技术、对用户的理解、营销以及制造能力。其中技术与制造能力直接与产品相关，而产品则跟营销和用户体验相关，因而产品是四种能力的中心。产品连接市场，市场又进一步促进产品创新。

文化观认为企业的核心能力应该包括企业文化。企业的竞争优势不仅表现在专业和知识上，而且还表现在创造知识和创新技术的环境中。现代企业的知识比较丰富，人则是掌握这些知识的核心要素。人具有社会性，人的发展与所处的环境不可分割。因此只有实现技术能力、组织能力以及文化能力的有机结合，企业的核心能力才能真正形成。

2. 核心能力的特征

（1）价值性。企业核心能力所创造的价值能否被消费者所重视，对所创造的价值进行判断就要看其是否能够给消费者带来好处。从这个角度来说，消费者即为核心能力的判断者。离开了消费者，企业就失去了发展的方向，因此，根据核心能力创造出来的产品必须能够满足消费者的需求，并且使消费者获得独一无二的体验，这样的能力才能被称为核心能力。但企业的核心能力不是固定不变的，它需要根据消费者的需求而改变，这样其价值才能被认可，企业才能获取超额利润。

（2）异质性。企业的核心能力必须是独一无二的，是其他竞争对手或潜在竞争对手都难以模仿的，这是形成企业差异化竞争优势的基础。核心能力是企业长期积累的知识和经验的组合，体现在技术研发、生产销售以及组织管理等方面。作为这些能力的载体，企业人力资本将最终决定企业的异质性。在一个充满竞争的市场环境中，企业的各项能力都体现在员工的思想行为中。而具有相关能力的人才往往是稀缺的。

（3）难于模仿性。核心能力是企业独特性的表现，是企业文化、组织、技术、人才的有机组合，这种组合很难被竞争对手模仿或学习。

（4）延展性。企业的核心能力是一种“公共能力”，溢出效应较强。这种溢出效应使得企业可以不断围绕核心产品进行创新，衍生出一系列子产品，从而为企业进入新的市场奠定基础。正是因为这种特性，企业不仅可以在原有的领域中保持持续的竞争优势，而且还可以围绕新市场进行拓展，并为在新市场上获取竞争优势奠定基础。

（5）路径依赖性。核心能力的形成是历史的结果。通常核心能力的形成包括培育、巩固及更新三个阶段。核心能力是在长期的生产实践中通过自身学习培养出来的。核心能力能够给企业带来竞争优势，但是如果不能随着环境的改变而做出变化，即不进行更新，核心能力也会成为企业发展的阻力，因此需要正确理解核心能力的路径依赖性。核心能力的形成不是一蹴而就的，是需要长期积累和不断学习的，持续地推进技术创新与产品创新才能为企业核心能力的不断完善提供动力。

2.1.3 组织设计理论

1. 组织理论的历史发展

组织理论是管理理论的核心。其研究内容主要包括组织结构、职能以及组织运行过程管理。自泰罗创立组织理论以来，随着社会实践实际需要的不断变化，组织理论按照古典理论、行为理论以及现代理论的实践发展逻辑不断地演化。

第一阶段，古典组织理论。古典组织理论分为三个流派，分别是泰罗的科学管理派、法约尔的行政管理派以及韦伯的官僚体制派。古典组织理论描述出的组织大多是集权性结构，这与当时的社会化大生产密不可分，它为提高组织效率和生产力的发展提供了支撑。

第二阶段，行为科学组织理论。随着科技的进步，越来越多的学者认为组织具有社会性。提高组织的效率要从促进人的社会和心理需要方面入手。从梅奥的行为科学组织理论的产生开始，使用社会因素来解释组织结构的变化成为新的研究方法。出于这一时期的工作需要，组织结构通常采用分权结构，有利于生产者参与组织决策。这一时期的组织结构有事业部、矩阵等形式。

第三阶段，现代组织理论。随着经济全球化的深入发展，资源的使用方式变得越来越复杂，以往的组织结构很难发挥更大作用。这一时期有系统组织理论、权变组织理论以及资源依赖理论出现，组织结构也更加灵活多样，包括工作小组、网络组织、虚拟组织等，使企业能够在竞争环境中获取更多有用信息（周颖洁，2007）。

2. 组织理论的历史发展

伴随着新技术的出现、管理模式的更新以及环境的变化，组织理论获得了新的发展。综合来看，目前国内的研究主要集中在以下三个方面：

（1）对组织的系统理论和权变理论进行了拓展。将其他学科的理论引入到组织理论的研究中来，如从系统科学的角度研究组织机理。张鹏程通过CAS对企业的进化进行了研究（张鹏程 等，2006），李霞等则用分形理论研究了组织结构的变化情况（李霞 等，2007）。

（2）对组织形态发展历史的研究。目前主要通过对群组织、网络组织、虚拟组织等中间形态的组织进行研究，了解各类组织结果的发展趋势。杨蕙馨等运用市场交易理论描述了中间形态组织结构间的关系（杨蕙馨 等，2005）。张丹宁等运用网络理论对产业网络组织进行了分类（张丹宁 等，2008）。李怀斌等认为结构嵌入导致了组织形态的形成（李怀斌，2008）。陈建军等研究了集群供应链条件下的企业组织结构（陈建军，张敏，2009）。

（3）对组织设计方法的研究。余东华等研究了网络组织结构（余东华，苗明杰，2008）。郝斌则提出了模块化组织结构的概念（郝斌，任浩，2009）。

3. 关于组织结构的研究

对于组织结构的定义，目前学术界仍没有形成统一意见。卡斯特等认为“组织结构就是组织各部分相互确立的一种关系形式"(弗莱蒙特·卡斯特,詹姆斯·E·罗森兹韦克,2000)。张仁德认为组织由两部分构成,一是组织的基本要素,二是各基本要素间的关系。各要素间的关系随着组织的发展而表现为某种形态,这种形态只有在环境发生剧烈变化时才会发生改变,具有相对稳定性。这种形态就是所谓的组织结构(张仁德 等,2003)。罗宾斯认为,组织结构就是对组织任务的详细确定,包括组织各部分任务的划分与协调(斯蒂芬·P·罗宾斯,2005)。任浩认为,组织结构的本质就是确定组织各部分的职、责、权(任浩,2005)。徐炜则认为组织结构就是确定的组织各部分间的关系以及各部分与组织整体关系(徐炜,2008)。

4. 组织结构设计原则最早是由西方管理学家提出的

组织结构设计原则主要包括厄威克提出的 8 条原则以及孔茨等人提出的 15 条原则。总结两者的观点,可以看出西方管理学家在设计组织结构时主要考虑了组织结构的设计对组织目标完成的影响、权利与职责的划分、合理的管理幅度、专业化分工的岗位设计、不同岗位间的协调机制等。这些理论都是西方企业在具体实践中总结出来的,对我国具有启示意义。尽管企业与大学的组织属性不同,但组织结构设计仍可共同遵循一些基本原则:

(1) 以实现组织战略目标为出发点与落脚点

组织结构设计的最终目的,就是为了通过对战略任务的有效划分,使各类战略子任务的处理富有效率、不同战略子任务之间能够实现有效衔接,以保证战略目标的完成。

(2) 追求组织内部各部门实现有效沟通

组织内部沟通有两种形式:正式沟通与非正式沟通。其中正式沟通常常是以书面或命令为表现形式。这种沟通跨越的层级越多,信息的反馈就会越滞后。而非正式沟通往往是以组织内部成员间的口头传达为表现形式,具有明显的群体效应。因此,组织结构设计要实现管理幅度与管理层次的平衡。

(3) 突出岗位的独特性,并能进行岗位间的互补协调

岗位的独特性体现在每个岗位所从事的工作具有专有性,不同岗位的业务范围没有交叉,岗位要求的技能独特,保证人尽其才、物尽其用。此外,某些任务往往需要经过多个部门共同合作才能完成,因而需要各部门间形成有效的沟通合作机制。

2.1.4 项目管理理论

1. 项目管理理论的历史发展

最早的项目管理雏形要追溯到古埃及金字塔的修建、欧洲中世纪教堂的修建以及中国古长城的修建。近代项目管理诞生于美国的曼哈顿计划。1942年,美国开始进行原子弹研究,该研究被称为曼哈顿计划。该计划的实施历时三年,由物理学家奥本海默负责,他采用了系统工程的思路和方法,推动了曼哈顿计划的提前完工,对二战的结束产生了巨大影响。曼哈顿计划的成功大大推进了项目管理的发展。1957年,美国路易斯维化工厂发明了关键路径法(Critical Path Management, CPM)。1958年,美国海军开发了计划评审技术(Project Evaluation and Review Technique,PERT)。1960年,美国航天局(NASA)发明了工作分解结构技术(Work Breakdown Structure,WBS)。1963年,美国空军开发了项目全寿命周期方法(Project Life Cycle,PLC)。这些项目管理方法和技术的成功使项目管理形成了科学的系统管理理论。1965年,国际项目管理协会(Internatinoal Project Management Association,IPMA)的创建以及1969年美国项目管理协会(Project Management Institution,MPI)的创建标志着项目管理的理论研究进入了一个新的阶段。由MPI编制的项目管理知识体系指南(Project Management Body of Knowledge, PMBOK)被认为是全球公认的项目管理标准。随着项目管理理论的不断完善,项目管理学科已经成为一个完整的体系,成为管理学的两大分支之一(戚安邦,2003)。

项目管理理论被引入我国的时间较晚,国内学者对其的研究始于20世纪80年代(毕星 等,2000)。国内学者对于项目管理理论的研究大部分仍是对国外项目管理的描述性介绍,部分学者21世纪后开始对国内项目管理的发展进行了思考(朱俊文 等,2000;蔚林巍,2000;胡振华 等,2002)。

2. 项目管理与项目集成管理

项目管理就是运用知识、工具和技术通过对资源的优化配置来实现项目的有效完成。项目的目标就是实现工期、成本以及质量间的平衡,实现项目效益的最大化。项目管理包括成本、质量、时间等几个核心部分的管理内容,这些内容相互补充、相互促进,使项目的实施顺利实现。项目的集成管理是运用综合平衡及集成方法,对项目实施进行集成性、综合性、全局性的指导。

3. 项目管理的特征

(1) 目标性。每个项目都有一个明确的目标,项目目标一般都能被量化。一般一个大型项目都有一个总目标，并且该总目标可以被分解为各个部门的分目标。目标的分解应按照各部门的实际情况确定，一般包括成本、时间以及质量方面的要求。

(2) 专门性。每个项目的内容都是确定的，具有专门性。每个项目所产生的结果都具有排他性。

(3) 一次性。每个项目都有明确的开始与截止时间。一个项目完成后，围绕该项目所集聚的人、财、物也会随之解体分散，项目的完成即宣告项目的结束。

(4) 整体性。每个项目都是一个整体。每个项目需要相关人、财、物的合理配置，因此对资源进行配置时需要追求项目的高效益。

(5) 生命周期性。每个项目都有有限的生命周期，项目需要在这个有限的生命周期内完成。项目生命周期可分为不同的几个阶段，各个阶段的侧重点也有所不同。

2.2 基本概念界定

2.2.1 战略

1. 战略的内涵

战略(strategy)一词最早是军事方面的概念。在西方，“strategy”一词源于希腊语“strategos”，意为军事将领、地方行政长官，后来演变成军事术语，指军事将领指挥军队作战的谋略。在中国，战略一词历史久远，“战”指战争，“略”指谋略。《孙子兵法》被认为是中国最早对战略进行全局筹划的著作。19 世纪时，卡尔·冯·克劳塞维茨在《战争论》指出“战略就是为了达到战争目的而对斗争的运用”。后来，战略一词被广泛运用到政治和商业领域。1962 年，美国管理学家钱德勒(Alfred Chandler)在《战略与结构》中首先提到企业战略问题，并提出了著名的SWOT 分析模式(钱德勒，2002)。

2. 战略的构成要素

(1) 战略目的

战略目的又称战略目标，即战略行为所要达到的结果。战略目标是制定和实施战略的基础。明确战略目标，既要与实际相结合，考虑可行性问题；又要着眼长远，发挥战略的功效。

(2) 战略方针。战略方针也称战略路径。不同的对象，由于所处的环境不同、所拥有的资源不同、所确定的战略目标不同，因而其采取的战略方针也有所不同。

战略方针是战略行动的依据。

(3) 战略力量。战略力量就是为了达到战略目标,在战略实施过程中所需要的人、财、物等资源。不同的战略目标,其所需的战略力量的大小是不同的。

(4) 战略措施。战略措施或者称为战略行动,它是战略决策者根据战略推进的需要而采取的各种切实可行的方法和步骤。

3. 战略的特性

(1) 全局性。战略的全局性主要表现在两个方面:一是空间的全局性。无论是一个国家、一个地区、一所大学还是一个企业,其战略方向都是唯一的、独立的。空间的独立性能够使空间里的各种战略力量汇集起来,形成围绕战略目标的合力,从而推动战略目标的有效实现。二是时间的全局性。时间的全局性表现在从战略目标的确定到战略力量的准备,再到战略措施的实践,各个阶段及全过程都要能够体现战略的特性和要求。

(2) 对抗性。战略的最终目的是为了实现竞争优势,因此战略制定与实施就应充分考虑其潜在或者实际的竞争对手的情况。确定战略目标不仅要对掌握自身的情况,更要把对手的情况了解清楚。通过各类方法直接或者间接地掌握对手情况,才能制定出有效的战略。

(3) 预见性。预见性是制定战略的前提。确定战略目标需要通过广泛深入的调查研究,全面判断并预测出战略环境的发展变化。对影响战略实施的各类威胁要做出科学预测,同时要制定出威胁出现时的应对办法。威胁的出现,一般会导致两种结果:一是战略的微调,二是战略的重新制定。

(4) 谋略性。战略的谋略性就是采用何种战略方法才能达到战略目标。

2.2.2 研究型大学

1. 研究型大学发展的历史

关于研究型大学的历史最早要追溯到19世纪初创办的柏林大学(Berlin University)。随着世界高等教育中心向美国转移,美国约翰·霍普金斯大学(John Hopkins University)的创立则标志着现代研究型大学的诞生(王英杰,1993)。纵观世界研究型大学的发展历史,研究型大学大概经历了萌芽、初创、发展以及成熟四个阶段。

(1) 萌芽阶段。于1810年创建的柏林大学开辟了"教学与科研相结合"办学理念,确立了科学研究为大学的一项基本职能。随后科研在大学中获得了较快发展。1826年,德国化学家Justus Liebig在吉森大学(Giessen University)建立了大学中最早的化学实验室(Atkinsonr,2008)。1834年,Franz Neumann开办了第一个科研讲习班，集中探讨教师的科研兴趣并允许学生参与(伯顿·克拉克，2001)。

(2) 初创阶段。于1876年在美国创建的约翰·霍普金斯大学标志着现代研究型大学的诞生。它将教学与科研相结合的办学理念体现在研究生院的建设上。随后哈佛大学(Harvard University)、耶鲁大学(Yale University)、哥伦比亚大学(Columbia University)等逐渐向研究型大学转变(贺国庆，2006)。1990年，美国大学协会(Association of American Universities，AAU)成立，它为美国研究型大学设定的标准成为了日后美国研究型大学向更高水平方向发展的指南(刘宝存，2005)。

(3) 发展阶段。二战期间，美国多所研究型大学参加了相关尖端武器的设计研发工作，为二战的胜利做出了巨大贡献，从而推动了研究型大学与政府合作关系的发展(沈红，1999)。战后，随着《Science: the Endless Frontier》报告的出台，美国联邦政府加大了对研究型大学的科研投入，科研在美国大学中获得了快速发展(Grahamh，1997)。1973年，卡内基教学促进基金会(The Carnegie Foundation for the Advancement of Teaching)对研究型大学进行了界定(刘宝存，2005)。1980年，《拜杜法案》(The Bayh-Dole Act)的颁布，推动了科研成果向产业化发展(Atkinsonr，1999)。20世纪90年代以后，英国、德国、法国都开始了走上高水平研究型大学建设发展之路。随着"985工程"的顺利实施，我国也开始了研究型大学的建设之路(贾永堂，2003)。

2. 研究型大学的界定

(1) 研究型大学要以科研为中心，对知识进行传播、应用与创新。其核心任务就是通过研究来形成知识，并通过相关形式来传授并传播这些知识(Marginsons，2008；Altach，2009)。研究型大学不仅要进行基础学科的研究，还要在应用研究方面有所突破，通过科研成果的产业化，为社会服务(谢海均，2005)。

(2) 研究型大学要实现精英教育，为社会培养更多"拔尖创新人才"(陈厚丰，2004)。其前提就是拥有一批高水平的教师和高质量的生源(张卓，2002)。研究型大学要以博士生的培养为目标，进行本科生教育(Mohrman，Ma，Baker，2008；詹姆斯·杜德斯达，2005)。

(3) 研究型大学要通过优化治理结构和管理体制，实现责任与权力的合理分配，确定大学与上级组织的关系、大学各部门间的协调关系以及大学与各部门的关系，从而建立起卓有成效的治理框架(Mohrman et al，2008；詹姆斯·杜德斯达，2005；杰拉德·卡斯帕尔，2002；Salmi，2007；张夏莹，2007；伊继东 等，2009)。

(4) 研究型大学要实现学术自由。自由的学术体制将促进知识创新(Altach，2001)。

(5) 研究型大学要拥有丰富的资源。除高水平的师资外，还需要有丰富的图书、电子资源以及相应的硬件设施(Mohrman et al,2008;Altbach,2009)。

以上对研究型大学的界定主要是采用描述性的方法。另外一些学者也试图通过定量的方法来定义研究型大学。林荣日对中国研究型大学进行了定义:一级学科的博士学位点授予权数占50%以上,二级学科硕士学位点授予权数占80%以上,并且每年的科研经费要多于教学经费(林荣日,2002)。甘晖等人认为研究型大学的研究生与本科生的比例应在1∶2.5左右(甘晖,2004)。刘少雪、刘念才认为大学分类可依据四项指标:博士学位授予数、博士生人数/本科生人数、科研产出、政府资助经费,并将我国研究型大学划分为研究型大学、博士型大学、硕士型大学、本科型大学/学院和专科型/高职院校四类(刘少雪,刘念才,2005)。杨林、刘念才根据博士招生数量及科研经费数额将我国研究型大学划分为世界知名大学、国内著名大学、学科/区域特色大学、一般大学四种(杨林,刘念才,2008)。武书连则将我国内地大学划分为研究型、研究教学型、教学研究型以及教学型四种,并将研究型大学细分为研究1型与研究2型(武书连,2010)。

表2.1 我国内地研究型大学名单(武书连版,按科研得分降序排名)

校名	类型	2013年排名	2015年排名	2017年排名
浙江大学	研究1型	1	1	1
北京大学	研究1型	2	2	2
清华大学	研究1型	3	3	3
上海交通大学	研究1型	4	4	4
复旦大学	研究1型	5	5	5
南京大学	研究1型	6	6	6
中山大学	研究1型	7	8	10
哈尔滨工业大学	研究2型	8	12	13
武汉大学	研究2型	9	9	7
四川大学	研究2型	10	7	8
华中科技大学	研究2型	11	11	9
山东大学	研究2型	12	10	12
南开大学	研究1型	13	13	16
吉林大学	研究2型	14	14	11
中国科学技术大学	研究1型	15	15	15
西安交通大学	研究2型	16	16	17
东南大学	研究2型	17	17	14

续表

校　名	类　型	2013 年排名	2015 年排名	2017 年排名
中南大学	研究 2 型	18	18	19
大连理工大学	研究 2 型	19	22	26
天津大学	研究 1 型	20	24	21
中国人民大学	研究 2 型	21	20	23
北京师范大学	研究 2 型	22	26	25
华南理工大学	研究 2 型	23	19	22
北京航空航天大学	研究 2 型	24	25	24
厦门大学	研究 2 型	25	21	27
同济大学	研究 2 型	26	23	18
中国农业大学	研究 1 型	27	29	34
兰州大学	研究 2 型	28	27	30
西北工业大学	研究 2 型	29	33	33
重庆大学	研究 2 型	30	28	28
北京理工大学	研究 2 型	31	32	31
华东师范大学	研究 2 型	32	35	32
华东理工大学	研究 1 型	33	31	35
湖南大学	研究 2 型	34	34	29
南京航空航天大学	研究 2 型	35	36	—
苏州大学	研究 2 型	36	30	20

从表 2.1 中的排名来看，浙江大学、北京大学、清华大学、上海交通大学、复旦大学、南京大学以及中国科学技术大学在科研得分方面很稳定。根据 ESI 的排名，截至 2017 年 5 月，中国科学技术大学共有 10 个学科进入 ESI 全球排名前 1%，且师篇均引用数达 13.47，为全国第一。2017 年 8 月，中国科学技术大学自然指数位列全国第 4 名，全球排名第 24 位。自然指数以代表大学在世界上最具影响力的研究型学术期刊上发表的论文梳理为依据。中国科学技术大学是我国研究型大学的典型代表。本书也将以中国科学技术大学为研究型大学典型，介绍其在国际化方面的经验和做法。

3. 研究型大学的内涵

研究型大学内涵主要分为三个部分：处于内核的是知识创新部分，处于中层的是职能创新部分,处于外层的是社会创新部分。这三个部分是由内而外、层层递进发展的(见图2.1)。

知识创新:创建大学的一个重要目的就是知识的传播与创新。创新包括两个层面的含义,首先是知识的基础理论创新。每一次基础理论创新都会带来一场革命,如爱因斯坦提出微观层面的力学理论,开辟了现代物理学新进程。其次是知识的应用创新。它使知识演化成各种表现形式。知识应用得越广,越容易形成新的知识领域。因此,可以说研究型大学是知识创新的中心,它是基础理论创新的主导者,同时又是知识应用的最有效的传播者。

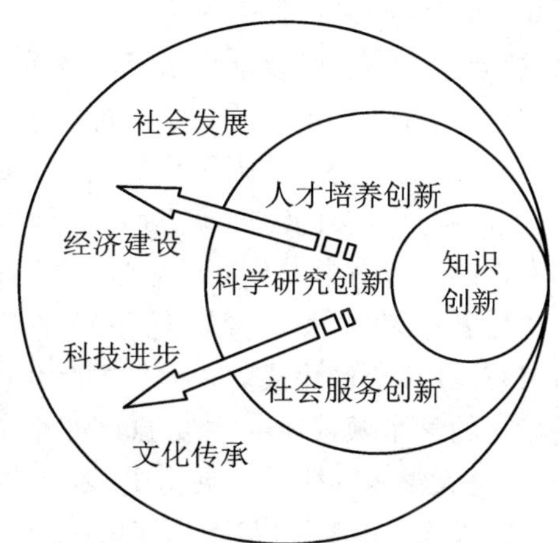

图2.1　研究型大学内涵构成

职能创新:研究型大学同一般大学一样,具有人才培养、科学研究及社会服务三项职能。但不同的是它培养的是研究性人才,科学研究所占的比重也远远超过一般大学,同时社会服务能力也比其他大学强。三种职能的创新还体现在每一个环节之中,从制度、机制到行为活动,研究型大学是各类创新的试验田。由于具有较强的创新能力及雄厚的基础条件,研究型大学在这些环节上的创新探索也走在前列,成为其他大学推广或模仿的对象,甚至还能作为高等教育某个方面的标准,在大学中得以推广。可以说,研究型大学的职能创新是区别于其他大学的外在表现形式的。

社会创新:现代研究型大学已经从“象牙塔”中走出来,融入到社会生活中。作为社会网络的一个重要节点,研究型大学与政治、经济、科技、文化等方面的发展有着密不可分的关系。政治环境影响着大学思想创新与学术自由环境的培育,此外研究型大学培养的部分人才也要满足政治需求。改革开放以来,我国经济发展迅速,随之而来的是国家对大学尤其是研究型大学投入的逐年增加。我国研究型大学都是公立机构,对政府资源的依赖程度高,经济环境好,国家对研究型大学投入的总量资源多。就科技而言,研究型大学进行的科学研究是科技创新的重要来源之一。科研成果的产业化会不断推动市场竞争,从而进一步带动企业创新。

2.2.3　大学国际化

1. 大学国际化的概念演化

早期的大学国际化没有概念一说,而是包含在国际合作交流中的实践工作中。

Dolby 等人认为大学国际化较为复杂，很难对其研究领域进行有效分类（Dolby, Rahman,2008）。他们通过文献分析发现，研究型大学国际化研究涉及了高等教育、社会学、历史学、政治学以及商务等多个领域。综合分析这些研究，可将其分为三类：一是社会视角下的大学国际化研究，主要探讨社会需要、社会发展与大学国际化的关系；二是大学国际化的经济领域研究，主要包括大学国际化的价值创造能力，如何满足社会的需要等方面；三是学术创新视角下的大学国际化研究，主要描述大学国际化对学术创新的影响。Marginson 等人认为经济全球化和信息技术的快速发展推动了大学国际化与经济政治的密切关系（Marginson，2002；Vaira，2004）。经济全球化成为了大学国际化的重要推动力量。Altbach 等人则认为大学国际化的学术领域研究主要源自四个方面：一是外来人群的口述；二是信息的互换；三是大学国际化的发展历史；四是专门的国际化教育（Altbach, Kelly,1986）。

20 世纪 60 年代以后，由于国际政治局势的变化，各国综合国力的竞争开始表现为教育的国际竞争（Meyer et al,1975）。

20 世纪 80 年代，教育的国际化研究已经开始成为一个独立的研究领域，其研究方法和理论开始逐渐成熟（Dolby, Rahman,2008）。Altbach（1991）对教育国际化的研究领域进行了界定：扩大化背景下的多学科教育研究。

进入 21 世纪，随着经济全球化的深入，学术界关于大学国际化的观点可划分为两类：一类视大学国际化为一个逐步发展的过程；另一类认为大学国际化是应对经济全球化、信息技术全球化所带来的挑战的主要对策。Harati（1989）对大学国际化进行了完整清晰的定义：大学国际化不仅包括教学、国际学者、学生互换、社会服务等内容，还要有相应的态度和认知。大学国际化就是实现大学发展方向同国际化的有效融合。Ebuchi（1990）认为国际化就是“一个可以使大学的教学科研及服务功能具有跨国特征的过程”。Arum 等人则在 Ebuchi 的基础上，提出了大学国际化就是“与教育及科技相关的多种国际活动与项目”。Knight（1993）则将大学国际化定义为“将跨国的文化、思想整合到大学功能的过程”。De Wit（1995）认为 Arum 及 Knight 对于大学国际化的定义具有美国化，很难适应其他国家。他认为大学国际化就是大学教育朝国际化的发展过程。但是应该看到，教育仅仅是大学的一项功能，尤其是研究型大学，科研及社会服务是其一项重要的功能。因而 De Wit 的观点不够全面。总之，这个时期的学者们仍没有达成对大学国际化的统一定义。但是可以看到学者们在描述大学国际化时，都认为这是一个过程，即大学国际化的“过程性”特征（Knigh，2001）。此外 Schechter（1993）、Ellingboe（1998）、Schoorman（1999）等人认可了大学国际化的“过程性”特征。Zha（2003）描述了大学国际化所包含的内容：一是大学国际化是由一系列活动构成的动态过程，各个活动相互联系，二是这些活动并不是大学国际化所独有的，而是来源于教育、科研以及社会服务这三项大学基本职能。过程论描述的是一种动态变化与发展。

Van der Wende(1997)则认为大学国际化是一个目标,它是经济、政治以及信息技术全球化的结果。Zha(2003)则在其观点上进行拓展,认为大学国际化包括两个部分:一是大学国际化不仅是一种目标,也是社会实现其他目标的资源,二是大学国际化需要考虑全球大环境的变化。Altbach(2004)认为大学国际化是大学为了应对经济全球化的挑战而设定的目标。Van de Wende(1996,1999)开始将国际化与大学战略联系起来。美国教育理事会(ACE)将大学国际化的内容界定为:本土学生的外语学习、出国留学、国际课程建设、国际招生、大学的国际教育交流、国际经费的支持以及国际人才就业(张芹,朱莉英,2007)。欧洲国际教育协会(EAIE)对大学国际化的定义为:国际化是一个高等教育更多地趋向于国际发展的过程(胡亦武,2009)。国际大学联合会(IAU,UNESCO)认为大学国际化就是提高大学国际维度的各种活动的组合。总之,大学国际化包含的元素主要有:国际维度、活动、过程。

通过文献综述来看,关于大学国际化(University Internationalization)的理解主要有两种:① 过程论。该类观点认为大学国际化是一系列国际化活动的集合,强调行为与动态变化。② 结果论。该类观点认为国际化是大学发展的高级形式,大学发展的目标就是大学国际化,强调状态与静态成果。总之,中外学者对从不同的角度和方法对大学国际化内涵的界定互有交叉或补充。

本书提出的大学国际化是基于"过程论"观念之上的。立足于经济全球化和资源全球共享,结合我国高等教育的战略目标,我们将大学国际化的内涵界定为:大学国际化是在高等教育要素全球自由流动的条件下,以国际化需求为主要驱动力,国际化要素不断融合、作用并随大学发展而变化的过程。完善的国际化体系是其主要特征,吸收和配置国际化资源,并不断融入自身功能之中,推动建立国际化驱动的大学国际化发展新模式,最终实现大学国际化的可持续发展。

2. 大学国际化的内部要素构成

(1) 国际化主体———国际化活动的行为主体。包括学生、教师、科研工作者等创新群体,也包括院系、科研部门等创新机构。

(2) 国际化资源———国际化活动的基础。包括基础设施、电子资源、信息网络、资金等。

(3) 国际化制度———保障国际化活动的有效开展。包括国际化协调机制、国际化工作程序、国际化评估、国际化激励政策等方面。

(4) 国际性文化———维系和促进国际化可持续发展的校园环境。既包括大学文化观念等内部软环境,也包括能否积极参与国际合作交流的外部社会环境。

通过上述总结,本书构建了大学国际化的内部要素构成图(见图2.2)。首先,大学国际化活动主要由国际化主体完成,国际化主体是大学国际化过程中最重要的能动力量,其他要素都是辅助力量,服务于国际化能动力量,所以国际化主体居于其他要素的首位,处于要素顶端。其次,国际化资源、国际化制度、国际性文化三者之间相互作用,从而形成了国际化环境。只有这个环境稳定下来,大学国际化才能持续发展,否则,发展会受限、中断甚至停止。这个环境可分为两类:一类是硬环境,主要是指保证国际化活动开展的各类国际化资源。另一类是软环境,由国际化制度和国际性文化构成,是国际化活动能够顺利开展的重要支撑,其中国际性文化为国际化资源在校内外的两性循环流动提供了土壤,而国际化制度则使得国际化活动行事有据可依,两者共同推动形成大学国际化有效推进的机制。国际化主体、国际化资源、国际化制度及国际性文化共同作用、相互配合,最终融入大学国际化功能体系中,形成了大学国际化发展机制,并将持续推动大学国际化的发展。

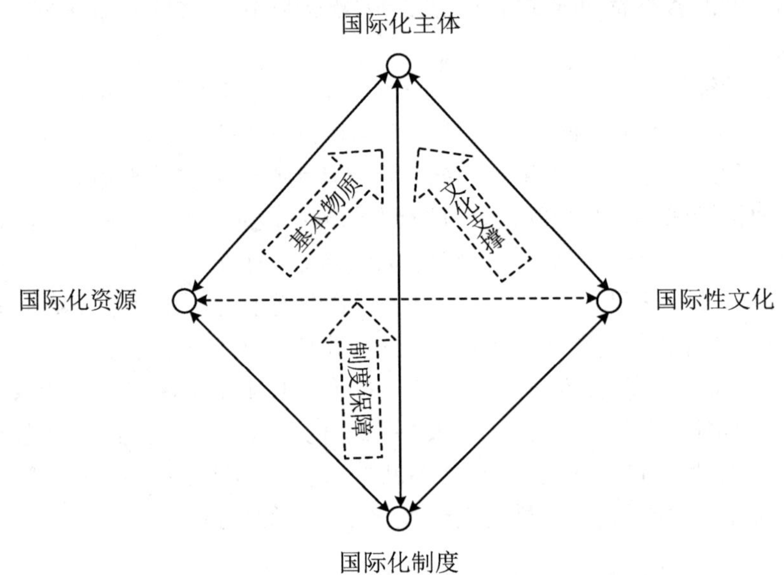

图 2.2　大学国际化内部要素构成图

第 3 章　研究型大学国际化的历史与动因

3.1　我国研究型大学国际化的发展历史

从历史的发展轨迹来看，我国真正意义上的高等教育始于清末，并由此经历了一个漫长、缓慢的向前发展的过程。高等教育的国际化始于欧洲，发展于美国，并由此扩展到全球。翻开中国的近代史，自鸦片战争以来，为了改变国家的命运，大批有志之士为实现国家的独立解放和复兴，开始运用教育的手段，以西方先进的科技、军事等为学习对象，开创了中国近代大学的国际化道路。虽然自新中国成立以来，尤其是改革开放以来，我国综合国力稳步提升，推动了我国教育、科技、文化等方面国际合作交流的不断深化，国际化需求尤其迫切，但是我国高等教育体系与西方发达国家差异较大，整体水平较低，我国大学仍没有真正融入世界高等教育体系之中。为了了解我国大学国际化的历史进程，我们将对高等教育的国际化分阶段进行分析。

3.1.1　近代我国高等教育国际化的发展

1. 洋务运动开启了我国近代高等教育国际化进程

中国近代高等教育国际化是在西方列强的坚船利炮的强攻下被迫展开的。鸦片战争以后，西方列强侵入了中国市场，同时也使中国人打开了眼界。中国人的中华强国心态受到了冲击，人们开始讨论西方的先进思想。以魏源为代表的思想家通过介绍西方的思想与历史，试图为解决当时的问题提供思路，提出了“师夷长技以制夷”。有识之士开始在高等教育方面展开相应探索（王文，2011）。洋务派开启了洋务运动。洋务运动中，西方工业、技术、教育等方面知识相继被传播、引进到中国来，清政府成立了一批以西方模式为主的新式学堂即洋务学堂。洋务学堂在教育观念、培养方式等方面都模仿甚至照搬西方模式。在当时，洋务学堂的兴建使中国学生开始有机会不用出国即可学习到西方先进的科技文化知识，这是我国近代高等教育迈向国际化的第一步。

2. 甲午战争以后中国高等教育的国际化发展

甲午战争的惨败使中国不得不面对割地赔款的境地，外国列强也开始大量瓜分中国领土，中国陷入了半殖民地半封建社会的深渊。列强的强大和清政府的懦弱，引起了每一个爱国人士的思考，他们希望通过采用西方先进的高等教育模式来培养中国学生，以帮助中华民族度过危机。清政府末期，教育领域开始以日本为榜样，通过学习、借鉴日本的教育模式来培养人才。

3.1.2 现代高等教育国际化的发展

20 世纪初，中国的高等教育有了较大发展。开放意识的增强使得大学能够结合国情校情去模仿西方的教育模式，引进并吸收西方先进的文化知识。这个时期学习的对象仍然是日本，大学在课程设置、规章制度以及教学模式等方面都模仿日本大学。此外，还积极派遣留学生到日本留学。我国的高等教育国际化有了较大发展，但是路径较单一、国际化程度不高。随着我国高等教育的进一步发展，仅以日本为学习对象显然已经不能满足我国的需要。从 1922 年起，我国又以美国为学习对象，推动大学办学的自主性以及大学社会服务功能的完善。这一时期，教会对我国高等教育产生了巨大影响，由此诞生了我国众多的具有较高知名度的教会大学，如燕京大学、金陵大学、东吴大学等。西方基督教会在中国创办的大学完全摈弃了中国传统的教育模式，以现代教育模式为框架，以西方现代课程为轴心，部分课程实行全英文授课，而且还设置了经典的传统文化课程。此外，由教会大学颁发的文凭，很多西方国家也承认，这就大大提高了教会大学的国际知名度。很多教会大学所做的研究不仅水平高，而且超越了本国范畴，当时也汇聚了一批名师，这些教师很多来自国外，由此带来了中西文化的交流与传播。这些学校的成立和发展极大地促进了我国高等教育国际化的进程(许传静，2010)。这一时期大学国际化的特点包括以下几个方面：

(1) 培养目标和课程体系都是以西方大学为参考标准，废除了与封建文化有关的课程内容，增加了大量传播西方文化的科目。

(2) 改革高等教育管理体制。大学院制是民国时期“向西方学习”教育运动的一项重要内容。大学院制充分体现了中国高等教育界海纳百川的胸怀，如，参考英国大学在大学中设立了专门的学术研究机构，模仿德国大学让教授公选校长，等等。

(3) 留学教育的主要目的地从日本转向西方。

(4) 注重国际学术与教育交流。这个时期中国高等教育呈现国际化的多元化发展。这个时期学习交流的对象不再限于某个国家，而是开始通过与西方多个国家开展多种形式的交流合作，以期为中国现代高等教育的发展提供思路。例如这个时期中国建立了第一所海外大学——里昂中法大学。

3.1.3 当代高等教育国际化的发展

1. 新中国成立初期

新中国成立初期，我国采用了全面向苏联学习的方针。面对满目疮痍的新中国，发展高等教育事业，培养各类型人才极为重要。当时的苏联在经济、教育以及社会发展等方面都具有很高的水平。为此，我国根据苏联提供的指导，在办学理念、课程设置以及管理体制等方面均照搬苏联模式。实行俄语为第一外语、聘请苏联教师授课、采用苏联教材等方面措施，推动了我国高等教育的苏化。此外，还派遣大量的学生、教师和科研工作者赴苏联学习深造，极大地推动了我国高等教育事业的发展(卢江滨，胥东洋，2010)。

2. "文化大革命"期间

随着"文化大革命"的开始，我国的社会工作重心都转移到阶级斗争上，高等教育的发展受到了严重阻碍。大学的课程设置混乱，教材的选择受到了严重限制，大量知识分子受到迫害，几乎没有与国外进行相关的学术交流，大学国际化进程停止(翁丽霞，2010)。

3. 改革开放以后

改革开放以后，我国高等教育事业获得了空前发展，人们对大学的"苏联模式"进行了讨论，对大学学科及课程进行了全面的整改，为培养高科技人才提供了支撑。1983年，邓小平提出了"教育要面向现代化，面向世界，面向未来"的口号，为我国教育的发展指明了方向。1985年，我国进行了教育体制改革。1986年，国家教委起草了《关于出国留学人员工作的若干暂行规定》，为出国留学事业的发展提供了法律依据。1991年，《中华人民共和国国民经济十年规划和第八个五年计划纲要》指出，"加强一批重点学科点的建设，使其在科学技术水平上达到或接近发达国家同类学科的水平"。1993年发布的《中国教育改革和发展纲要》指出，"要办好100所左右重点大学和一批重点学科、专业"。1995年，国家教委发布了《中外合作办学暂行规定》，为国外大学进入中国提供了标准与途径。同年5月，"211工程"正式启动，即为了面向21世纪，迎接世界新技术革命的挑战，中国政府集中中央、地方各方面的力量，重点建设100所左右的高等学校和一批重点学科、专业使其达到世界一流大学的水平的建设工程。1996年，国家留学基金委成立，为公派出国提供了组织保障。1998年,《自费出国留学中介服务管理规定》出台,使自费出国有了法律依据。同年,“985工程”正式启动,即我国政府为建设若干所世界一流大学和一批国际知名的高水平研究型大学而实施的高等教育建设工程。随着改革开放的不断深入,我国高等教育也将朝着更加开放的方向继续前行。《国家中长期教育改革和发展规划纲要(2010—2020)》明确了要“扩大教育开放”,并提出了“加强国际交流与合作”“引进优质教育资源”“提高交流合作水平”三种措施。随着这些国家政策的不断落实,我国大学必将向着更高水平的国际化不断前进。

3.2 我国研究型大学国际化动因

3.2.1 不同历史时期高等教育国际化动因

近代,由于闭关锁国的政策原因,大部分对外交流被限制在通商口岸的贸易活动中,我国与外界处于一种隔离状态。为了获取在华利益,西方列强用坚船利炮撞开了中国的大门,我国一度沦为半殖民地半封建社会。人们从自认为的世界中心“中华帝国”一下子沦落为列强横行的半殖民地,内心想恢复原来封建王朝的动力油然而生。但是人们在实践中发现了中西方在科技、教育、文化,尤其是军事方面的差距后,才认识到改变现状需要学习西方先进的科学技术。当时,众多有识之士,如林则徐、魏源等人都著书立说,提出“师夷长技以制夷”的思想,从理论上说明了学习西方并为我所用的可行性,采用或模仿西方先进技术和模式新建了大量的工厂、学校等机构。无论是建立的各类洋务学堂还是现代意义的工厂,其目的仍是为了复兴,具有极强烈的民族性和政治动机。

现代高等教育国际化是在较为宽松的政治氛围中开展的。高等教育逐渐从政治中解放出来,自主权大大提高。高等教育的领导者开始思考高等教育的一些基本问题,他们的目光开始从日本扩展到全球。抗日战争爆发前,高等教育对外交流已呈现出多元化趋势,国内大学开始教授一些国外课程,甚至开始有外国教师来访,探讨学术研究问题。这个时期中国的高等教育自主性较强,积极主动地吸收各国文化,文化包容性强。此时,国际化动机主要是为了满足社会文化与学术交流的需要。抗日战争爆发后,抗日救国成为高等教育的主旋律。随着战争的发展,人们看到了中国与日本间的巨大差距。由此,促进了学习或模仿西方先进高等教育风潮的兴起。此时,政治动机占据着主导地位。

当代高等教育时期主要分三个阶段:第一阶段,新中国成立初期,百废待兴。国内方面,教育、经济、科技、社会管理等方面与其他社会主义国家相比差距甚大。国际方面,以美国为首的西方国家仍然保持敌对态度,形成了外部封锁圈。作为社会主义的“老大哥”,苏联在这些方面不仅领先,而且积累了丰富的经验。向苏联学习,不仅是政治上的靠拢,更是通过学习掌握先进的科学技术与管理方法的最佳路径。由于当时中苏是同盟关系,这也为采用这种方式提供了便利条件,当时我国高等教育的国际化,主要是苏联化,且经济与学术动机占据主动地位。第二阶段,“文化大革命”时期,我国高等教育国际化处于停滞状态。第三阶段,改革开放以后,由于发展的需要,国家希望高等教育能够培养出更多掌握世界先进技术与管理经验的人才,由此高等教育国际化呈现出快速发展趋势。随着经济全球化的深入发展,各国在经济上的依赖性逐渐显现,这就需要培养大量掌握各类知识技术的人才。社会文化、学术、经济以及政治考量成为该时期高等教育国际化发展的多元动因。

3.2.2 现代大学国际化动因综述

学者们从多个角度对大学国际化的动因进行了总结分析。夏俊锁(2013)通过对耶鲁大学国际化的深入研究,总结出了耶鲁大学国际化的三大动因:世界的相互依赖性、科研的相互合作性以及大学的相互竞争性。王文(2011)则将高等教育国际化的发展动因概括为五类,即政治的、经济的、科技的、教育的和文化的。舒志定(2004)则认为政治动因是大学国际化的前提;经济动因可为大学国际化能够提供更多具有国际竞争力的人才,同时还能拓宽大学经费的来源渠道;科技动因可结合全球科技的广泛传播与应用,推动大学教育的创新与发展;教育动因是指大学教育要素的国际化变动;文化动因,在国际合作交流日益增多的时代,大学作为生产、传递和再生产文化的机构,在国际文化交流中扮演着更加重要的角色。

此外,孟照海(2009)将大学国际化的动因概括为学术动因、宗教动因、科学动因、政治动因以及经济动因等五项内容。刘巍(2010)认为探索真理和传播与创新知识是大学国际化的基本动力,政治是推动大学国际化的关键。经济全球化进一步加强了大学国际化,信息技术的全球化发展是大学国际化发展的物质基础,文化交流为大学国际化的顺利推进提供了保障。苏芳菱(2010)认为,经济全球化、文化交流、经济利益、大学自身发展的需求、现代信息技术是现代大学国际化的动因。此外,王英杰等(2000)认为,国际组织的成立和发展是推动大学国际化的重要力量。陈学飞(1997)还认为,人类对世界的和平追求也是大学国际化的助力之一。此外,吴坚(2009)通过总结前人观点,将高等教育国际化动因划分为外部动因与内部动因两类。其中外部动因包括经济、政治及技术三类,内部动因则包括知识的普遍性、人才的能力要求以及高等教育开放性三类。

迪威特(2002)认为,大学国际化的动力来自大学要素的需求,这些需求可概括为政治的、经济的、社会文化的、学术的四种类型。构成大学的要素,既包括直接的校内要素,又包括间接的校外要素,即利益相关者要素。大学国际化不仅要满足校内要素的需要,还要满足利益相关者的期望。只有认为大学国际化能够带来好处,利益相关者才有推动大学国际化的可能。否则，大学国际化的力量就显得十分不足，大学国际化取得成功的可能性就会大大减小。从现实中可以发现，校内要素包括教师、学生等，各校由于师资及学生的水平差异较大，类型不一，因而国际化动机也有所不同。而利益相关者如政府、国际合作伙伴等要素，对大学国际化也会表现出不同的期望，因此，从这两个方面来说，不同的大学会选择不同的国际化路径。

实际上，发达国家与发展中国家在经济全球化程度、高等教育综合实力等方面差异较大，这会导致两者大学国际化战略的不同。迪威特提出的大学国际化动机是基于发达国家的条件所做出的，对于发展中国家不一定适用。发展中国家在政治方面的国际话语权较少，高等教育的创新能力不足，科研落后，对大学国际化的推动作用十分有限。因而，在进行我国大学国际化动机分析时，必须从经济社会发展的实际出发，加以具体分析。席酉民(2010)等提出了我国大学国际化行为主体的动机分析框架(见图 3.1)，系统分析了我国大学国际化的动力因素。

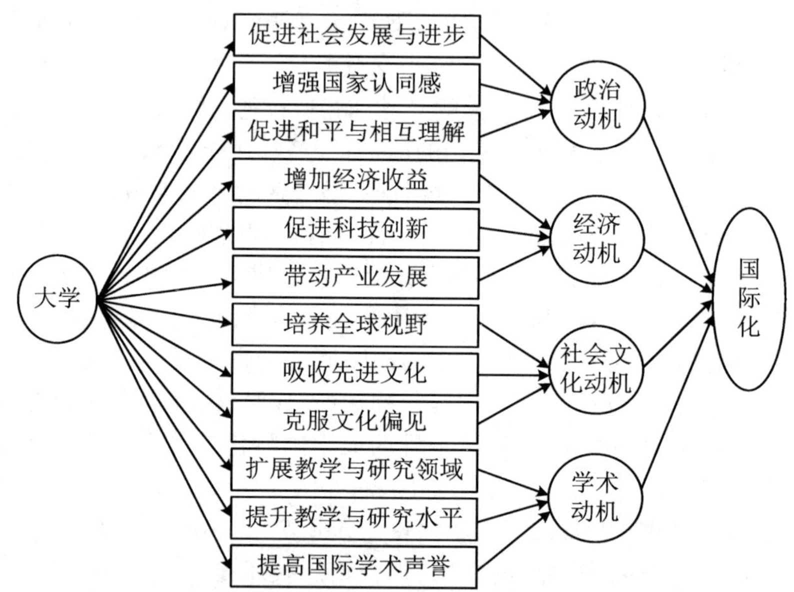

图 3.1　我国大学国际化行为主体的动机分析框架图

3.2.3　现代大学国际化的动因与作用机制

近年来，国际化与工业化、信息化、城镇化、市场化已并列成为我国现代化建设的五大趋势，国际化发展推动着国家创新的前进。在国际化背景下，国家可以最大限度地整合全球资源进行创新，因而，一个国家的国际化程度越高，其创新能力就越强，发展速度也就越快。同样，大学为了充分利用世界范围内的高等教育资源，将在人才培养、科学研究、社会服务以及文化传承四个方面进行模式创新，更多地利用国际化资源，同时融入国际化思维、国际化机制等，从而推动大学国际化发展。朱益明(2015)认为，教育共识、人才标准、人口流动以及教育竞争是推动教育国际化的四个主要因素。余洁等(2015)以西交利物浦大学为例，认为所有权、内部化、区位以及两国间的关系是影响高等教育国际化的重要因素。曾小军(2017)以日本大学为研究对象，认为其国际化动力主要是经济因素和人才因素。国际化能够拓宽大学经费来源渠道，同时国际化人才也是经济社会发展的必然需求。而薛珊等(2015)则认为大学国际化有知识势能、外部机会以及竞争三种动力来源。

国际化诱导产生新的推动力(见图3.2)。传统的大学发展推动力主要包括两种：内部推动力与外部推动力。内部推动力是指大学为实现发展而形成的内部调整力量。董泽芳(2005)认为，以变应变是大学教育创新的动力源泉。本书认为国际化发展趋势必然会让大学主动做出相应改变，追求国际化将成为大学尤其是研究型大学发展的内部动力。此外，营造高品位的大学文化氛围，构建大学和谐校园，是大学发展的内在动力所在(谢曼华，2007)。王战军等(2003)认为，社会经济发展与科技进步是推动我国研究型大学发展的最重要因素。李枭鹰等(2007)也认为，社会需要是世界一流大学发展的外部动力。总之，社会的国际化需求是大学发展的重要外部推动力。此外，利益相关者也是推动大学发展的现实驱动力。按照现代组织理论，大学国际化也是利益相关者期望的产物。没有这种期望，大学国际化就不会出现，即使出现了大学国际化，也很难有进一步发展，若无法满足利益相关者的利益诉求，最终也将归于失败。因此，利益相关者也是影响大学国际化的一个重要因素，大学发展所需要的资源是由各个利益相关者共同贡献和提供的。大学作为各利益相关者实现自身期望的场所，与各利益相关者相互依存、共同发展。这些利益相关者包括内部利益相关者与外部利益相关者，其中内部利益相关者包括学生、教师、科研人员、行政管理人员，甚至包括服务人员。而外部利益相关者，则包括地方政府、教育主管部门、研究机构、企业以及竞争对手等(柏群 等，2010；王战军，孙锐，2003)。

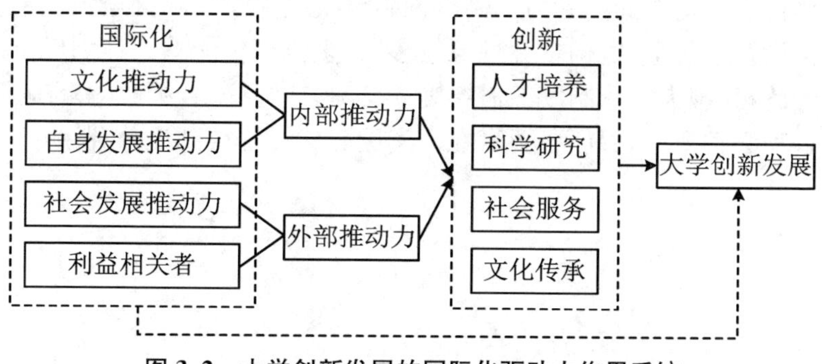

图3.2　大学创新发展的国际化驱动力作用系统

国际化为这两类推动力赋予了新的内涵。从内部来说，国际化发展趋势要求大学培育国际文化。高等教育国际化的深入发展，增强了不同国家的大学之间的联系，这有利于不同地区的大学在更大范围和更深程度上参与教学、科研等方面的国际合作与交流，同时这必然会加速各校不同文化之间的交流和碰撞，文化的开放性和多样性发展已经成为大学国际化的先导。此外，从教育创新的角度来说，一定要将大学的改革创新放置到国际同行评价体系中考量，把自身特色与国际标准结合起来，推进培养规范和质量的国际“软接轨”，从根本上改进和提升教育质量。国际化将是大学自身改革的新方向。就外部来说，生产力的发展将导致各类要素在全球范围内实现自由流动，各国各地区必须相互合作才能实现健康发展。国际化就是这种趋势的有力推手，它将进一步促进资源从低效率部门向高效率部门流动，实现资源的有效配置。这种配置的结果就是形成资源互补、技术进步以及信息共享的整体格局。此外，由于我国大学整体水平仍不高，西方高水平的大学教育吸引了更多内部相关利益者的关注，他们迫切希望能够获得同样水平的高等教育，由此形成了推进国际化的动力。外部利益相关者有的从国际合作的角度出发，希望大学能够拓展国际渠道，由此带动经济、科技的发展；有的则从国际地位的角度出发，希望大学能够获取更高的国际声誉。可以看出，国际化扩展了影响大学发展的动力因素内涵。在经济全球化、信息全球共享的背景下，大学发展动力因素越来越趋向高等教育要素的国际融合，并不断演化更替，把大学发展推向国际化的高级形态。

国际化的四种推动力直接促进了四种大学职能的创新，这些创新包括技术创新、制度创新、管理创新以及知识创新。从现实中看，目前主要有技术创新与制度创新。尽管我国教育改革的政治目的与其他国家不同，但是科技的快速发展及其在生产实践中的应用，使得我国高等教育面临的挑战具有国际性特点。在科技创新的驱动下，高等教育对科技创新的推动作用也愈发重要。由于自然科学研究和技术开发的特点，我国与其他国家的竞争具有共性特征。这也为大学间进行跨国交流与合作提供了内在的原动力。制度创新对我国大学国际化至关重要。目前很多大学机构设置不科学，机构重叠现象较多，许多方面仍能看到计划经济时期遗留的痕迹。为此，我国大学从制度上需要确立交流、碰撞、融合吸收等环节，为国际化过程准备各种必备要素，保证各要素在大学国际化过程得到充分利用。

第 4 章　研究型大学国际化模式类型与选择

4.1　大学国际化发展模式类型分析

在经济全球化、知识的全球扩散、全球教育市场竞争、科技发展等诸多因素的综合影响下，大学国际化表现出不同的形态。大学国际化的发展历史告诉我们，从美国创立霍普金斯大学开始，美国研究型大学的发展模式就成为了各国模仿的对象，但由于各国大学所处的环境不同，因而出现了以美国为代表的主动型国际化模式、以澳大利亚为代表的政府主导型模式以及以发展中国家为代表的被动响应的国际化模式。

4.1.1　主动型模式

美国大学国际化的主动型模式是自然形成的，首先在于其坚持开放的教育政策，其次是因为其拥有较高水平的高等教育，最后是由于其完善的教育资助体系。这些因素的有机组合形成了美国大学国际化的发展环境，由此吸引了大量的海外教师与学生。虽然在早期，一些学生已经能够实现跨境学习，但是鉴于地理的障碍，加上交通的落后，这种机会仍然十分稀少。美国大学教师队伍的多元化跟美国的教育政策以及名校集聚密切相关。哈佛大学通过对英国大学体制的改造，并不断创新，最终成为美国现代高等教育的先驱。霍普金斯大学是第一所现代研究型大学，它吸收了德国研究型大学的模式，强调科研与教学的结合，并带领美国研究型大学群体不断发展。这种开放性理念一直是美国大学办学的重要理念，这种国际化的学习方式，带领美国成功超越欧洲，并一度成为世界高等教育的中心。经过多年的发展，美国已经形成了综合实力强、全球声誉高、国际化程度高，同时被全球认可的大学群体。据《Times Higher Education》发布的 2013 年世界大学排名显示，排名前 10 名的大学中美国大学有 7 所，排名前 50 名的大学中美国大学有 29 所，排名前 100 名的大学中美国大学有 47 所。虽然开放性特征是美国大学成功发展的关键，但这一切也与美国独特的优势密切相关：

(1) 美国作为最大的移民国家，有能包容各国学生的人文环境。

(2) 美国大学从早期学习德国与英国开始，一直追求的都是高水平的高等教育。

(3) 美国本土没有受到两次世界大战的影响，从而为学者带来了和平的环境。

(4) 以流通面极广的英语为母语，这为美国大学国际化交流打下了基础。

(5) 大学拥有的自治权使大学较少受到政府干预。

(6) 高额的奖学金以及弹性的教育机制。

4.1.2 案例介绍——耶鲁大学

耶鲁大学在成立后的200年间基本上是一个培养并训练牧师的教派学校。20世纪60年代开始的黑人民权运动推动了整个美国高等教育对这一群体的关注。在这次革命浪潮中，各类高等教育机构开始了从对黑人群体的研究扩展到对其他国家民族的研究。耶鲁大学开设的"非裔美国人研究主修科目"开创了这一领域学术研究的先河。20世纪70年代耶鲁大学校长金曼·布鲁斯特提出了耶鲁大学的世界使命：提高世界人民的学术水平与利益。1997年耶鲁大学在其年度报告中提出了"全球化"理念。21世纪以前，尽管耶鲁大学的国际化获得了发展，但是仍然是一种小范围的、局部的国际化，其国际化理念并未深入人心并转化成系统行为。2000年，耶鲁大学校长里查德·莱文提出把耶鲁大学建设成为全球性大学的目标，由此开始了耶鲁大学国际化建设进程。耶鲁大学一开始就从战略的高度，为其未来全球性大学建设进程做了详细的谋划，并认真付诸实践。从2004年开始，耶鲁大学开始为学校及各学院制定国际化战略规划。战略规划的制定过程既是对国际化的全面认识过程，也是建言献策达成共识的过程。耶鲁大学国际化战略实施步骤，按照"目标—策略—项目"的分解办法，采取"改革依托项目，项目支撑策略，策略服务目标"的方法，最终形成了耶鲁建设全球性大学的系统架构。整个项目与策略集可简单归结为以下三个方面：

1. 国际化组织机构变革

(1) 创办全球化研究中心，聘请墨西哥前总统恩尼斯·塞迪罗担任主任。

(2) 为耶鲁学院增设一名副院长，同时为学院下属的每一个办公室各增加一个编制，专门负责国际行政事务。

(3) 成立"国际活动校长理事会""大学国际教育顾问委员会""国际事务办公室""国际学生与学者办公室""语言研究中心"和"耶鲁学院国际教育与奖学金项目办公室"等专职国际化机构。

2. 国际化师资队伍建设

(1) 引进国际化通识课程的专业教师。

(2) 聘用国际专业研究领域的优秀学者来教授基础课程。

(3) 在优势学科领域方面吸引更多有实力的学者参与授课与科研。

3. 国际化服务支撑体系的建设

(1) 为国际高级来访者提供办公场所。

(2) 为短期来访者提供住宿。

(3) 通过购买相关学习数据库,建设相应的多语言网站,为留学生提供"一站式"服务。

(4) 编写了诸如《耶鲁大学全球化》等相关期刊,通过向国际合作交流人员赠送相关杂志,并同步在网络上发布,大大加大了耶鲁大学国际宣传力度。

4.1.3 政府主导型

澳大利亚的大学国际化以政府主导为主,大学参与为辅,并充分授予大学各部门权力,这与澳大利亚高等教育发展的历史与基本国情密切相关。澳大利亚高等教育的起步较晚,1850年建立的悉尼大学是其第一所大学。经过多年的发展,初步建成了8所大学,即现代的Go8(Group of Eight,澳大利亚八校联盟)。过去澳大利亚曾是英国的殖民地,因此澳大利亚早期主要采用英国的教育体制,随着美国高等教育的兴起与强大,转而学习美国模式。但直到1939年,其高等教育仍处于较低水平。为了扭转这一局面,澳大利亚政府成立了Go8,从国家战略的角度推动大学积极实行国际化发展。政府在留学生招生、教育贸易等方面采取了一系列有效措施,从而在2004年使国际教育成为澳大利亚的第四大产业,本国高等教育水平显著提升,国际声誉也大大提高。当然,澳大利亚大学国际化除了受政府主导外,还与澳大利亚所独有的传统优势密不可分:

(1) 利用地缘优势,最早开拓留学生市场,并在亚洲树立了品牌。

(2) 澳大利亚本身是移民国家,为留学生提供了包容的人文环境。

(3) 政府作为留学及移民的支持者,使留学项目容易获得学生的信任。

(4) Go8的国际化宣传效果好,群体效用大大提高。

(5) 英语是国际化的学术语言。

4.1.4 案例介绍——新南威尔士大学

澳大利亚大学国际化首先体现在政府层面,政府在发展教育培育方面发挥着运筹帷幄的战略指导作用,并负责协调国内外各类机构间的合作关系。政府作为

"留学澳大利亚"(SIA)品牌的宣传者,为学生建立起了"生活,学习,成长"三位一体的留学收益框架,由此大大扩展了留学的产业链。政府通过国际网络,向各国政府、留学生及相关机构进行品牌展示,以此获取品牌竞争优势。

作为Go8的重要成员,新南威尔士大学通过Go8的合作网络,从全世界获取相关资源、各类国际化信息。例如,Go8在欧洲建立了联系机构,并由欧洲各国负责推进相关联系事务,新南威尔士大学也在该机构设立了联系点。

新南威尔士大学的战略愿景是将自身建成一所亚太地区一流的研究密集型大学。新南威尔士大学通过整合校内外的各类资源,实现了学生、科研以及社团的国际化。首先,学生的国际化主要体现在学生的国际交流经历中,珍惜每一个学生海外学习交流的机会,从培养国际视野的角度,对每一个学生海外交流项目进行跟踪管理。其次,在科研方面,通过政策引导,鼓励新南威尔士大学与海外大学开展具有国际意义的课题合作。最后,在社团方面,注重与国际社团构建国际沟通渠道,并积极而频繁地进行联系,由此深化不同社团间的国际合作与交流。

新南威尔士大学的国际化具有显著的区域特点。新南威尔士大学一直将亚洲作为其国际化的重点地区,其所制定的国际化的目标、战略与实施细节一直都是围绕亚洲展开的。尤其在国际学生方面,南亚地区已经成为其国际学生的主要来源地。

同时,作为Universitas 21的成员之一,新南威尔士大学参与了该组织筹划的一系列国际化互动,为促进成员间的双边或多边合作提供了平台。此外,新南威尔士大学借助Universitas 21的网络平台,加强了对自身国际教育的宣传,同时对教育质量的评价也起到了提升作用。

在国际学生招收方面,新南威尔士大学更加强调服务质量。与其他学校不同,新南威尔士大学在澳大利亚以及其他各国均设立了办公室和代理处,通过定期举办留学展会或招生会来向潜在的留学生推荐各类留学项目。对于本国学生而言,国际化政策在校内也得到了强有力地执行,大部分学生都能够到海外伙伴学校进行为期一学期到一学年的课程学习。

新南威尔士大学成立了"国际研究基金",该基金项目着力推动新南威尔士大学建立国际合作关系。该基金下设不同的专属基金,如普鲁梅森基金着力推动高级研究人员之间的互访,对前沿研究领域给予支持。

4.1.5 被动响应型

以我国为代表的发展中国家应经济全球化与高等教育大众化的需要,而进行大学国际化建设。我国作为最大的发展中国家,从一开始就肩负着高等教育的学习和跨越任务。现代大学制度在清朝末年被引入中国,洋务派广泛开展向西方学习的活动，在高等教育上采用英、美、德、法的办学理念与教育模式。清末，我国开始以日本为学习对象。随后，民国初年，又以英、美为学习对象。新中国成立初期，尤其是 1950 年进行的大学结构调整，更是将向苏联学习广泛而深入地移植到高等教育上来。这一时期，高等教育的苏联化，使我国高等教育现状有了较大改善。向苏联派遣的大量留学生在学成归国后对我国的现代化事业的发展影响巨大。改革开放以后，我国高等教育进入了高速发展的快车道。美国、德国以及澳大利亚的历史经验告诉我们，国际化可以使得大学发挥后发优势，从而完成从学习到跨越的巨大转变。但是我国由于大学整体水平较低、国际化课程少、语言文化跟西方差异大等多方面原因，大学国际化在我国仍面临较大挑战。

4.2 我国研究型大学国际化模式选择

4.2.1 基础条件分析

研究型大学作为高等教育的排头兵，其国际化的基础已经完全不同于以往，研究型大学的国际化必须更加主动，同时更加有步骤、有目标地进行国际化建设，这样不仅能够充分发挥自身优势，而且还能有效利用外部环境。

（1）改革开放以来，我国经济实现了 30 多年的健康平稳增长，综合国力显著增强。在经济、文化以及教育的全球互动中，我国已经不再是被动的接受者，而成为了举足轻重的参与者，并开始由国际规则的被动接受者，逐渐转变为国际规则制定的重要决策者。在国际教育合作与交流过程中，与各国已结成重要的合作伙伴，并逐步成为大学国际化的推动者之一。

（2）自加入 WTO 以后，我国对外教育交流开始转变工作模式，逐步由被动转为主动。WTO 为我国大学国际化提供了新的发展平台。WTO 规则要求各国平等地开展教育服务贸易。教育服务贸易包括跨境支付、境外消费、在服务消费国的商业存在和自然人的流动等四种准入方式，这不仅有利于大学的全球宣传，而且直接推动了大学国际化方式的转变，使其可以主动争取多渠道的国际化形式，从而获取更高的国际影响力。

（3）高等教育的国际化发展给研究型大学带来了前所未有的发展机遇。研究型大学的重要职能包括科学研究与人才培养，且更注重国际化研究型人才的培养，这就要求国际化能够贯彻于科学研究与人才培养的全过程，同时保证大学三种职能间形成有效耦合。研究型大学作为高等教育最主要的创新力量，承担着科技创新、学术创新以及国际声誉等重要任务。随着科教兴国战略的提出，国家不断加大对科技创新与高等教育的经费投入，我国研究型大学的国内环境有了显著改善，国际影响力明显增强，进一步提高了国际对话能力。

(4) 改革开放以来，我国高等教育取得了重大突破。我国已经迎来了高等教育大众化阶段，初步形成了具有中国特色的学科门类齐全、多层次的高等教育体系，高等教育综合实力显著增强，尤其是科学研究的能力(见表 4.1)。

表 4.1　SCI 中国论文数量及世界排名(2004—2012 年)

年　份	2004	2005	2006	2007	2008	2009	2010	2011	2012
SCI 论文数(万篇)	5.74	6.82	7.1	9.48	11.67	12.75	14.84	16.81	19.01
数量世界排名	5	5	5	3	2	2	2	2	2

(5) 近年来，我国大学在国际合作交流方面积累了丰富的经验。我国大学已经从单向的对外交流转向全方位的开放合作，从采用国外大学教材、培育国际接轨的课程体系到合作办学项目、联合建立大学，再到孔子学院的全球布局以及设置海外分校的初步尝试，这些覆盖面广且程度深的全面国际化举措，说明了我国大学国际化战略转型的准备工作已基本完成。

4.2.2　战略管理对大学创新发展的促进作用

战略管理是通过分析组织所处的环境，并协调两者间的关系，由此实现组织竞争优势的方法。这种被企业广泛采用的方法同样适用于大学。

(1) 现代社会，大学已经融入到社会的开放环境之中，因此大学也需要协调自身与环境间的关系。根据美国学者帕森斯对开放系统的解释，开放系统主要有两个特点：一是组织由各个部分组成，各部分又各自成为一个子系统，各子系统之间相互依赖，相互之间能够沟通协调。二是组织的外部环境在不断变化，会出现很多无法预测的突发事件，组织能够高度适应外部环境(袁锐锷，1995)。随着现代社会竞争的加剧，任何组织包括大学都将面临着生存与发展的压力。作为社会的一个重要构成元素，大学为了实现发展就必须对生存环境进行分析和预测，努力运用组织的力量实现与环境的协调，通过有效使用自身资源，不断从外部获取相关资源，以实现大学的不断发展。可以看出，大学的发展就是一个大学与环境不断协调的过程。从战略管理的过程中可以看出，战略管理协调环境的作用能够帮助大学不断发展。经济全球化促进了产业要素的全球流动，高新技术的发展则使资源的全球共享成为现实，整个社会的各类要素间都有着直接或者间接的关系。这种社会环境的变化既给大学带来了发展机遇，同时也带了挑战。如何在这种变化的环境始终处于优势地位？战略管理是一种可选手段。(丹尼尔·若雷，赫伯特·谢尔曼，2006)。正如凯勒(2005)所说，“大学不能因循守成，在一个变化的世界，应该更多地采用战略管理”。

（2）大学的发展与其他组织的发展一样，是一个系统工程。大学需要根据自身的情况，确定总体目标，然后进行战略实施。战略实施的前提就是进行战略选择，一个准确的战略选择是大学发展的关键，战略选择关系着资源的获取与利用。而大学在一定时期内的资源获取能力有限，因此如何利用有限的资源实现大学发展目标是大学实施战略选择的重要内容。从大学的组织结构角度来分析，大学是一个由各个院系、行政管理部门以及科研组织构成的复杂系统。各院系、科研组织均有自身的发展目标，因而大学发展的总目标是各个子目标的有机集合，大学总目标的实现，是各个子目标分别实现的结果，但是各个子目标又很难同时实现，这就要求大学对子目标进行分类，分清轻重程度，有重点地进行目标的分阶段实现（欧内斯特·博耶，1988）。因此，大学首先要考虑的问题，就是如何进行大学的定位以及如何整合大学各部分的子目标。大学的目标定位是大学发展的基本前提和保证，而定位的过程也是大学战略选择的过程。

（3）现代的大学在生源、就业以及获取国家支持等方面面临着广泛的竞争。大学获取竞争优势的关键就是如何能够培育自身的核心能力。竞争是大学追求不断发展的推动力量，离开了竞争，大学就会失去发展的活力。良性的竞争能够促进大学之间、大学与政府、大学与其他组织机构的良性互动，从而构建一种合理的竞争环境。今天，大学面临的竞争环境不再局限于国内，在大学成为全球网络环境中的一个元素之后，大学间的竞争已经扩展到全球。在面临激烈的竞争，获取资源难度越来越大，战略管理对于大学发展的重要性不言而喻，而战略管理就成为了大学形成核心能力的重要手段。“好的战略管理能够使大学向自主、特色的办学方向发展。”（别敦荣，2005）

4.2.3 战略主动型模式

1. 特点分析

综上论述，大学国际化的发展模式是历史、文化、体制、制度等多种因素共同作用的结果。在经济全球化和资源全球共享的形势下，大学国际化的建设和发展主要受到自身发展历史和需求两种力量的制约。从两种力量的组合看，我国大学国际化的发展模式可以分为三种：战略主动型、发展需求型以及混合型发展型。

（1）战略主动型：大学制定明确的国际化发展战略，制定一系列促进国际化建设的政策措施，不断加大对国际化活动的投入，推动校内外各类国际化资源向大学集中，支持和鼓励与国际化主体建立密切的协作关系，营造有利于国际化的校园文化氛围，引导全校参与国际化建设。战略主动型模式是一种自上而下的垂直实现模式，研究型大学一般采用此模式。

（2）发展需求型：大学的发展始终处在一个不断变化的外部环境中。国际化作为外部环境中的新生因子，不断影响着大学的发展轨迹。大学为了顺利发展，必然要处理国际化发展问题。在国际化的刺激下，大学需要不断适应由其诱导并改变的外部环境。这种发展需求导向型是一种自下而上的推动力量，属于被动接受型。教学型大学往往采用此种模式。

(3) 混合发展型：混合发展型就是在大学国际化建设过程中既要考虑到国际化带来的需求，又要考虑到主动把握国际化的先机。大学国际化不仅需要自上向下的强力推动，还需要由下向上的不断反馈，只有这种双向力量，才能促进国际化资源的循环流动，保障大学国际化的可持续发展。从我国大学发展历史来看，自上向下的垂直推动，往往带有命令形式。若不能很好地对下属主体进行调查，了解其情况，这种推动力就会成为下属主体的负担甚至是一种阻碍，由此影响战略的顺利执行。而由下向上的反馈，往往是需求型，对于前瞻性国际化问题往往信息反馈不及时，这样容易错过良好时机，导致大学国际化后续成本急剧增加。两种模式各有利弊，只有把两者有机结合起来，大学国际化建设才能健康、可持续地发展。

建设高水平研究型大学已经成为我们国家的一项战略举措。面对这种新形势，国际化是推进该战略的有效路径，因而推动研究型大学国际化的战略发展势在必行。研究型大学国际化战略是研究型大学面对国际化环境的变化而采取的一种竞争策略。这种竞争策略必须运用宏观的整体思维，研究如何制定战略规划，并将其细化为可量化的子目标，进行各部门分工，以项目为手段，进行集成设计，从而形成我国研究型大学国际化的战略目标体系。《国家中长期教育改革和发展规划纲要(2010—2020)》指出，“到2020年，建成一批国际知名的特色化高水平院校，高等教育国际竞争力明显增强，部分大学达到或接近世界一流大学水平”。可以看出，我国研究型大学国际化建设需求十分迫切。被动地接受国际化，这种国际化也只会是浅层次的，而且对外依存度极大，只要外部环境发生变化，大学便毫无抵御能力，这种模式一般很难与大学内在发展融合起来。主动式的国际化建设，是在考虑自身发展环境的基础上做出的战略选择。这种选择并不是固定不变的，而是需要随着战略的执行情况及时做出调整，因而是动态的。这种模式的目的是形成自身的国际化模式，并内化为一种能力。

2. 内容分析

研究型大学国际化战略的实施过程是一个自上而下的动态管理过程。所谓自上而下就是指当研究型大学国际化目标获得全体教职工的认可后，由大学决策层向各个部门负责人传达，并由此实现国际化战略工作的分工、落实。所谓动态就是指在战略实施过程中，经常需要进行“分析—决策—执行—反馈”的循环工作。国际化战略在未实施之前，常常以文本的形式呈现，所以说战略制定非常重要。研究型大学国际化的战略管理过程主要包括以下几个阶段:战略制定、战略实施和战略评估(见图4.1)。

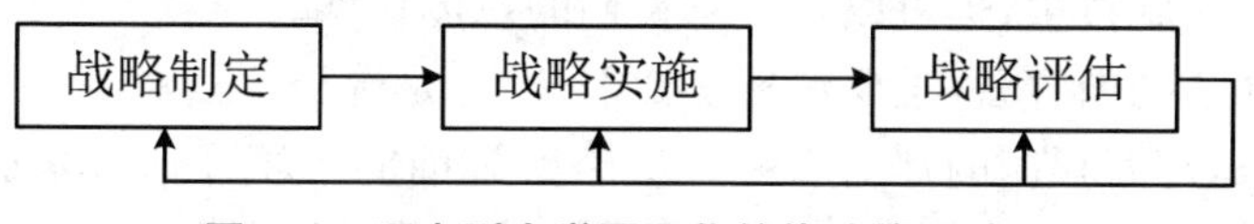

图4.1 研究型大学国际化的战略管理过程

(1) 战略制定

战略管理的基本前提就是战略的制定。由于不同地区的不同大学之间存在较大差异,因此每所大学都应当运用不同的理论和方法来进行战略制定。制定战略基本上围绕两个问题开展:一是战略的制定者是谁,二是运用什么方法来制定战略。大学层面的战略是由领导班子共同确定的,院系的战略则由院系领导及相关教授共同制定。但是没有战略发动就没有战略响应的对象,所谓的战略发动,就是为了调动广大教职工实现国际化战略目标的积极性与主动性,需要对广大教职工进行观念革新,使大多数人接受国际化战略。战略发动阶段要积极说明国际化战略对学校的必要性以及将给学校带来的新发展,要为全体教职工树立信心、打消顾虑。在向广大教职工说明的过程中要争取国际化战略关键执行人员的支持。关于战略制定的方法,有SWOT、PEST、BCG、核心能力等定性分析方法,也可采用AHP、TOPSIS以及模糊分析等定量方法。适用于何种方法跟该大学获取及分析环境信息的能力情况密切相关。

(2) 战略实施

战略实施就是将制定的战略转化为具体的行为的过程,它是战略能否发挥应有功效的关键。战略实施解决的问题包括做什么以及怎么做两个问题,做什么涉及战略实施的具体内容,怎么做则涉及战略实施的具体方法。德鲁克说过,计划离开了责任与实施就没有希望。战略实施首先面临着目标分解,将国际化战略分解为若干个实施阶段,每个实施阶段都有阶段性目标,相应的每个阶段都有各自的实践措施。各阶段性目标被分解到大学的各个部门,并由此形成了一个由上到下的目标体系。大学要根据各个部门的实际情况确定相应的子目标,并进行统筹规划、全面安排。同时,还要针对各个子目标的实现确定时间表,并注意各个子目标之间的衔接。相对远期阶段的目标可以模糊一些,而对于当年的目标则应该尽量详细具体,使战略得到最大程度的具体化,便于大学各个部门具体操作。战略的实施是一系列活动的集合,一般包括组织变革、资源配置、项目实施三个基本过程。

(3) 战略评估

战略评估就是通过相关鉴定方法,判断战略实施效果是否与原计划一致的过程。如果战略绩效达不到预期目标,那么就需要判断哪些是影响战略实施的因素,并采取相应措施,减少这些因素给战略实施带来的不利影响;如果要降低这些因素带来的负面影响，那么就要判断制定的战略是否合适、是否还应进行下去。战略评估的结果可以作为修改或者终止战略制定的依据。战略评估既可以是针对短期的阶段性的战略实施过程，也可以是针对长期的总体战略。

从战略评估的内容看，主要包括三个部分：一是选择评估对象。通常在战略实施的不同阶段，都有相应的评估对象。战略实施前的环境评估就是通过准确描述与国际化相关的各类环境要素来发现机会。战略实施中的评估，一般是针对不同部门子目标的实现情况进行评定。这种评估更加精确、及时，能够及时做出调整与反馈。战略实施后的效果评估，是在某一个战略周期结束后，对整体战略目标完成情况进行分析，以此判断战略方向是否正确。二是建立评估指标。评估指标要能够全面反映战略的实施情况。制定评估指标要遵循全面、系统、数据可获得性强的原则。三是选择合适的评估方法，建立评估模型。选择不同的评估方法会产生不同的评估结果。因此，要根据指标结构的特点和战略目标建立合适的评估模型，这种评估模型既适用于外部对大学的评估，也适用于内部大学的自我评估。

第 5 章　战略主动型国际化模式的实施过程研究

5.1　我国研究型大学国际化战略框架的构建

5.1.1　我国研究型大学国际化战略问题的提出

从 1898 年创立北京大学，我国开始明确提出向西方学习、确立现代高等教育制度的方向到提出建立世界一流大学，100 多年以来中国的高等教育国际化的步伐一直没有停下。在《十二五规划纲要》以及《国家教育与改革中长期规划纲要》的指导下，天津大学率先颁布了《天津大学国际化战略实施纲要》，成为国内首个推出国际化战略实施纲要的大学。此后，清华大学、上海交通大学等许多大学都将国际化纳入学校“十二五”发展战略规划，成为实现大学整体发展目标不可或缺的一部分。

从国内文献来看，关于大学国际化战略方面的理论研究水平仍然较低。关于大学国际化战略的研究大部分停留在描述高校国际合作与交流的层面上或者是对国外大学国际化实践进行简单介绍与总结，其理论指导性和实用性都较差。归根结底，主要原因是目前没有一个科学的理论框架来指导大学国际化战略的规划。作为教育大国，我国正在逐步向教育强国迈进，因而大学国际化是我国高校未来发展的必然趋势。在全球教育市场日益开放的今天，面对世界高等教育市场的激烈竞争，我国研究型大学必须融入到这种环境中，形成自己的国际化战略发展模式，以此获取竞争优势。

核心能力理论是由普拉哈拉德和哈默提出的。基于战略理论的核心能力是指企业在资源积累的发展过程中建立起来的特有的能力，它是企业积累、保持和增强能力的关键，是企业获取维持长久竞争优势的最有效途径。我国学者陈劲(2004)运用该理论制定了技术创新国际化战略框架，具有很强的指导意义。因而本书亦采用这一理论来探讨我国研究型大学国际化战略的构建。

5.1.2 我国研究型大学国际化现状分析

进行我国研究型大学国际化现状调查是为了给我们提供更多准确的数据信息，以此来指导我们构建大学国际化战略框架。2010年开始，我们向国内不同地区的100所研究型大学(含教学研究型大学)发放了关于研究型大学国际化的外部环境和内部因素的调查问卷，截至2010年年底，我们共回收了66份问卷，回收率为66%。回收率不高的一个原因是中西部很多大学的国际化程度低，无法对问题做出回答。其次，有些大学出于保密的原因，不愿对我们的提问做出回答。为了保证被调查高校占样本总数80%以上，我们挑选了剩下的14所大学，对其公布的相关资料进行详细分析，了解这些大学国际化的情况，并将分析结果写入问卷分析中。

1. 外部环境分析

根据大学所处区域的不同，我们将大学所处的外部环境划分为国际环境、国家环境以及区域环境三个不同层次，其中针对国际环境的调查内容为“国际形势对贵校国际化的推动力”，分为强、较强、弱三个等级。针对国家环境的调查内容为“国家战略对贵校国际化的需求强度”，分为强烈、较强烈、淡三个等级。针对区域环境的调查内容为“贵校国际化所处的区域发展状况”，分为发达、较发达、欠发达三个等级。采用Bipolar标度模糊属性值量化方法，笔者将每个要素都划分为10个层次，其中最高等级的取值范围为[7,10]，第二等级为[4,6]，第三等级为[0,3]。将外部环境划分为有利、较有利、不利三个层次。其中外部有利环境的综合得分取值为[21,30]，较有利环境的取值为[12,20]，不利环境为[0,11]。分别以区域、国家、国际三种环境为X轴、Y轴、Z轴坐标，形成了(X,Y,Z)的27种高校外部环境类型表(见表5.1)。截至2010年12月，被调查的80所大学国际化所处的外部环境情况如下：欠发达地区的大学，其中有3所认为自身所处环境为A4型，综合得分<11，外部环境不利；5所认为自身所处环境为A1型，综合得分<11，外部环境不利，分别占被调查高校的3.75%和6.25%。较发达地区的高校，其中有20所认为其自身所处环境为B8型，11<综合得分<20，外部环境较有利；6所认为自身所处环境为B4型；9所认为自身所处环境为B1型，综合得分都小于11，外部环境不利，分别占被调查高校总数的25%、7.5%、11.25%。发达地区的大学，其中有20所认为自身所处环境为C9型，20<综合得分<30，外部环境有利；15所认为自身所处环境为C5型，11<综合得分<21，外部环境较有利；2所认为自身所处环境为C1型，综合得分<11，外部环境不利，分别占被调查高校的25%、18.75%和2.5%。这表明虽然我国研究型大学国际化的外部环境总体有利于国际化发展，但是地区差异较大，即使是发达地区的研究型大学国际化发展仍面临诸多困境(见表5.1，图5.1)。

表5.1 我国研究型大学外部环境类型

A	所属地区	需求程度	推动力	B	所属地区	需求程度	推动力	C	所属地区	需求程度	推动力
A1	欠发达	淡	弱	B1	较发达	淡	弱	C1	发达	淡	弱
A2	欠发达	淡	较强	B2	较发达	淡	较强	C2	发达	淡	较强
A3	欠发达	淡	强	B3	较发达	淡	强	C3	发达	淡	强
A4	欠发达	较强烈	弱	B4	较发达	较强烈	弱	C4	发达	较强烈	弱
A5	欠发达	较强烈	较强	B5	较发达	较强烈	较强	C5	发达	较强烈	较强
A6	欠发达	较强烈	强	B6	较发达	较强烈	强	C6	发达	较强烈	强
A7	欠发达	强烈	弱	B7	较发达	强烈	弱	C7	发达	强烈	弱
A8	欠发达	强烈	较强	B8	较发达	强烈	较强	C8	发达	强烈	较强
A9	欠发达	强烈	强	B9	较发达	强烈	强	C9	发达	强烈	强

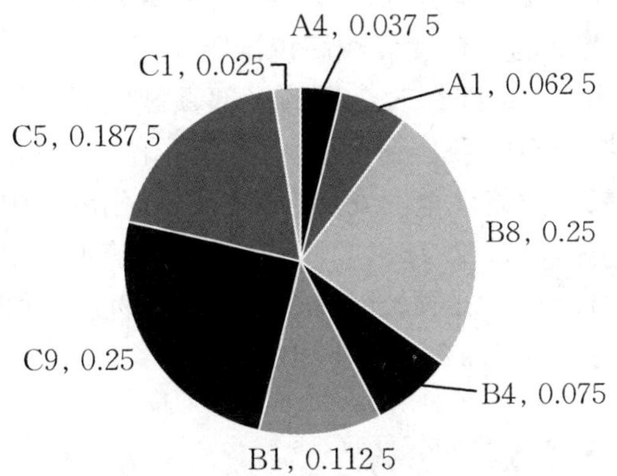

图5.1 高校国际化外部环境类型分布

2. 内部要素调查

教学、科研、社会服务是研究型大学的三项基本任务。纵观世界各个大学国际化进程,发展战略都是围绕这三项基本任务而展开的,教育是基础,科研是中坚力量,社会服务是最终目的。因此在进行研究型大学内部要素调查时,我们以教学国际化状况、科研国际化状况以及社会服务国际化状况为调查的一级综合目录,下设各子目录为具体调查内容。调查方法采用李克特五点量表,各一级综合目录总分为100,下设20个子目录,各子目录得分加总就可以得出所在综合目录的得分情况,并设定“得分＜60为差”“60≤得分＜75为较好”“75≤得分＜90为好”“90≤得分＜100为非常好”。截至2010年12月,被调查的80所大学国际化所处的内部环境情况如下:被调查大学在教育国际化方面有60所得分表现为差,15所得分表现为较好,5所得分表现为好,其所占比例分别为75%、18.75%和6.25%。在科研国际化方面有40所得分表现为差,25所得分表现为较好,15所得分表现为好,其所占比例分别为50%、31.25%和18.75%。在社会服务国际化方面只有2所大学表现为较好,其他的表现都为差。从总体上看,我国研究型大学国际化发展在这三个方面都很薄弱,总体实力不强,有待于进一步加强和提高。

通过调查,我们将我国研究型大学国际化的活动类型分成A、B、C、D、E 5种类型。其中,A为战略性全面发展,B为基于战略考虑的特色发展,C为局部领域发展;D为对外交流的普通业务发展,E为国际化观念的认识发展。调查表明我国研究型大学国际化的战略意图是提高大学的国际交流合作能力,在清楚认识和理解国际化观念的前提下提高学校在全球的竞争力和影响力。调查仍以李克特五点量表为基础,对现在和未来每种国际化活动类型进行评分测量,其中1为最低分,表明此类活动较少,同时表明重要性程度最低,以此类推。最终以平均分=所有参与调查的高校在该类型上的得分总和/参与调查的高校数,来进行分析。

调查结果如下:A类型平均分为1.05,即战略性全面发展最不重要;B类型平均分为3.43,即战略考虑的特色发展在高校国际化活动中最重要;C类型平均分为1.54;D类型平均分为2.91,即针对全局的局部领域发展比较重要;E类型平均分为1.13。预计在未来5年中,我国研究型大学国际化建设活动将进一步拓展,特色发展、局部领域的发展和战略性全面发展在高校国际化活动中的重要性都会增加,这三项的平均分分别为4.53、2.12、1.35,同时,被调查高校仍将高度重视基于战略考虑的特色发展和针对全局的局部领域发展,战略性全面发展仍处于最不受重视的地位,该项平均分仅为1.12(见图5.2)。

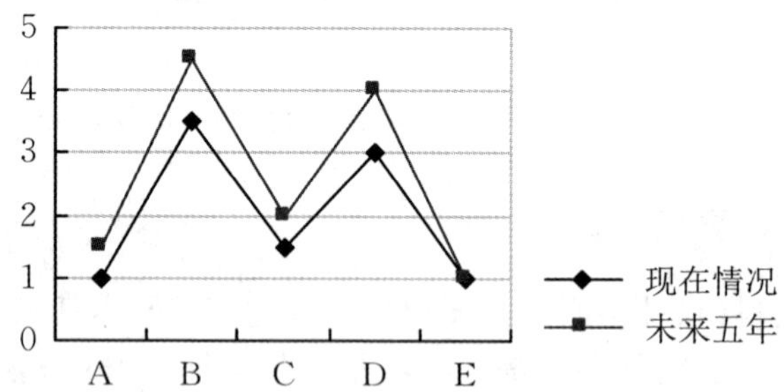

图5.2　研究型大学国际化活动类型重要性

3. 战略因素分析

影响我国研究型大学国际化的战略因素非常复杂,它们不是静态不变的,而是受其他因素的影响而不断变化的。此外,分布在不同地区的大学也明显具有区域性差异，所以其国际化驱动因素的表现也不同。根据前面章节关于大学国际化驱动力的分析，结合调查本书将研究型大学国际化驱动力具体划分为七种，其中A是符合国家对外长远发展战略，B是增强大学的国际交流与合作能力，C是适应经济全球化对人才的需求，D是满足传播中国文化、了解其他国家文化的需求，E是谋求新的创收途径，F是应对科技创新的需要，G是满足自身发展的需求，提高自身国际竞争力和影响力。调查仍以李克特五点量表为基础，对现在和未来每种影响国际化的战略因素进行评分测量，其中1为最低分，表明此种战略因素在高校国际化活动开展时被考虑得最少，即重要性程度最低，以此类推。最终以平均分＝所有参与调查的高校在该战略因素上的得分总和/参与调查的高校数，来进行分析。

通过我们的调查，目前A—G战略驱动因素的平均得分分别为：1.92、4.12、3.05、1.48、1.03、1.96、1.53。即符合国家对外长远发展战略、增强国际交流合作能力以及适应经济全球化对人才的需求已经成为我国研究型大学国际化过程中最重要的影响因素。而有的学者认为文化交流的冲击已经成为高等教育国际化的一个主要动因，这种观点与本次调查结果不符（见图5.3）。我们认为这主要是因为我国研究型大学已经做好了国际化的前期工作，文化交流中最主要的语言问题已经得到了有效解决。谋求新的创收途径被认为是最不重要的战略驱动因素，因为我国尚不是高等教育强国，对外国留学生的吸引力仍较弱，为数不多的外国留学生消费群体所带来的经济收入十分微薄。

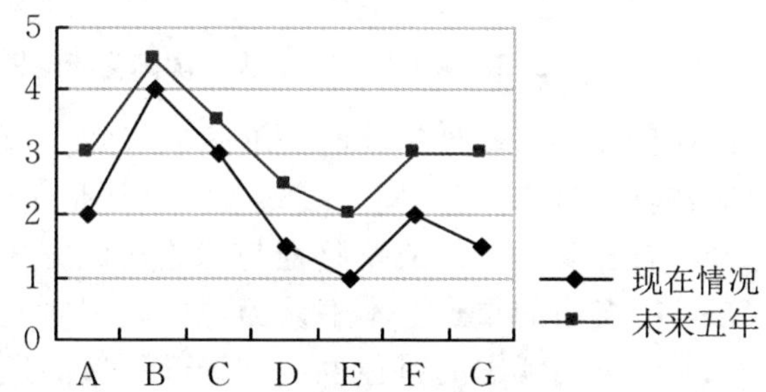

图5.3 研究型大学国际化战略驱动因素重要性

5.1.3 我国研究型国际化战略框架的构建

根据我们对我国研究型大学国际化的调查研究，结合核心能力理论，本书提出了一个有助于构建我国研究型大学国际化的战略框架（见图5.4）。这个战略框架的目标是研究型大学将来在教学、科研以及社会服务三个维度上实现国际化，即实现国际化活动的全球扩展，为高等教育要素构建多元化的来源渠道，实现大学与全球网络中各节点的联系，以实现大学的全球推广，建立我国大学的全球品牌，最终实现大学国际竞争力的提高。三种核心能力的形成与提高进一步促进了教学、科研以及社会服务国际化的深入发展。这三种核心能力是研究型大学做出战略选择的基础，将大学内部要素放在首位，以内部要素的丰富、完善与创新为依托，通过不断强化核心能力来应对外部环境变化带来的挑战，以此来保持一定的国际竞争优势。在实施国际化的战略过程中，除了重视培养自身核心能力外，大学还应对自身内部资源、组织结构和对外政策进行整合，这要求形成内部良好的协调机制，能够把各部门的决策行动都统一到国际化上来，与组织变革、资源分配以及具体各项目的实施密切配合。在大学国际化从无到有的过程中，即使是最初的国际交流活动，其管理工作也在不断发生变化，需要各相关方面展开合作，因此没有组织、资源和具体项目的相互协调就不可能实现国际化的战略目标。

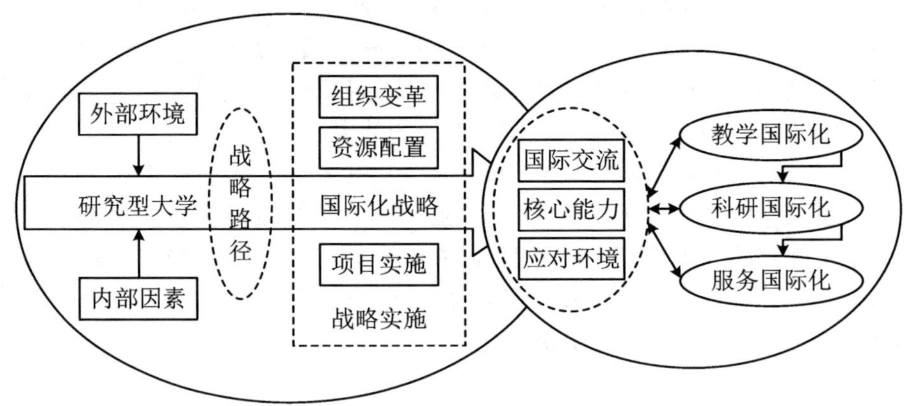

图 5.4　我国研究型大学国际化战略框架

影响国际化发展的因素是复杂的。不同地区的大学，由于战略驱动因素的不同，所选择的战略模式也有所不同。战略模式往往是概念性的，在实际应用中，大学往往会选择符合自身特点的战略路径与战略实施方式。不同区域的不同大学，其国际化发展应有各自的重点。本书认为对于我国研究型大学而言，国际化的重点应该遵循从基于战略考虑的特色发展到局部领域的发展，再到战略性全面发展的次序。我国研究型大学国际化战略强调构建大学的核心能力以应对国际化过程中复杂多变的形势，这就要求大学国际化过程中必须对内外部环境进行仔细地分析，并及时对大学国际化战略做出动态调整，只有这样才能成功实现国际化的战略目标。国际化战略的目标是在教学、科研以及社会服务三个维度上实现国际化，整个战略是围绕核心能力而展开的，因此大学必须在战略实施的过程中重视拓展和增强潜在的国际交流与合作能力，了解其他国家的大学国际化发展趋势，借鉴国外大学国际化的经验和发展方式，为促进我国大学的国际化发展注入新的活力。在这个战略框架中，核心能力的构建与提高同国际化发展程度相辅相成。大学已有的核心能力推动着国际化的发展，国际化又反过来促进大学的核心能力的提高，核心被提高后，又能够进一步促进大学的国际化，如此反复，便形成了一个良性循环。

从国际化表达的角度来看，目前国际化在大学章程或战略规划中均有体现，且很多概念性的与操作性的国际化表达相互交织，表达形式呈现多样化(张海滨，董维春，2016)。

上述的战略框架对于我国研究型大学进行国际化建设具有指导意义，战略路径正是在这个框架下衍生出来的，战略路径使战略框架更加具体，具有可操作性。根据调查所掌握的情况，我们提出了三种适合我国研究型大学国际化的战略路径。

5.2　我国研究型大学国际化战略路径的构建

1. 特色国际化战略路径

特色国际化战略路径即实现自身特色与国际对接，建立有效国际合作机制的战略路径。

对于学生、教师及科研人员外语水平较高，在国内已经形成自身特色优势的我国研究型大学来说，它们大多属于外部环境为 A4 型和 B4 型、内部国际化基础较好的教学研究型或研究型高校，这类大学的国际化适合采用特色国际化战略路径(见图 5.5)。李冬梅等以圣荷西州立大学为例阐述了美国大学的特色国际化发展路径，很有借鉴意义。在该战略路径中，大学战略的短期目标是使自身特色与国际接轨，牢牢把握自身特色优势这个战略重心。对这类大学来说虽然局部国际化将是其下一步的选择，但是基于自身稳步发展的需要，大学需要在现阶段侧重关注和

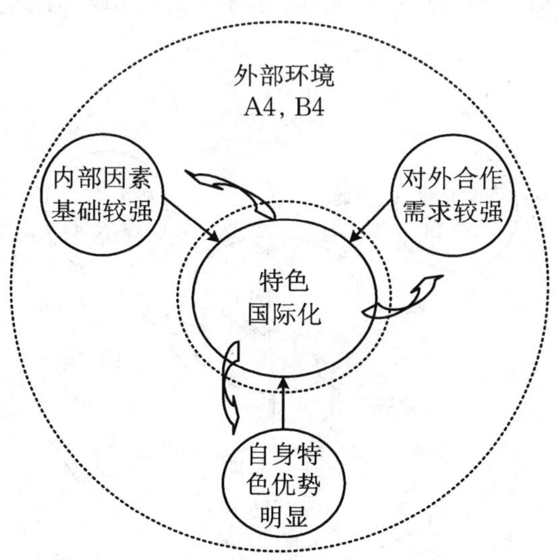

图 5.5　研究型大学特色国际化战略路径

开拓自身特色的国际化前景,国外教育要素是支撑该类大学进一步发展的重要因素。该类大学国际化战略途径实施的做法是:大学围绕扩展优势、发挥特色的中心,运用各种形式和国外相关机构开展教学、科研或者社会服务的合作,这种合作可以发生在国内,也可以在海外,大学通过展开合作尽快地提高自身的国际竞争力和影响力。大学在与国外合作的同时要保持对国外大学国际化特色的研究,密切关注海外大学特色优势的发展动向,向学校传达相关信息。该战略途径中,高校的中期目标是在学校的支持下深化特色领域的合作,并将其逐步扩大到其他领域,力争提升大学特色国际化的深度和广度。

2. 局部国际化战略路径

局部国际化战略路径即突出国际化重点发展的内容,健全国际合作机制的局部国际化战略路径。

适合采用该类型国际化战略途径的大学是目前中国实力最强的研究型大学。它们大多属于外部环境为 C5 型和 B8 型,内部国际化基础较强的教学研究型或研究型大学。采用该战略途径的大学不仅发展了自身特色领域的国际化,而且采取更主动的方式与国外相关机构建立联系网络,以期展开合作与交流。在实施该战略途径过程中,直接设立海外联系机构是最重要的部分,大学有必要成立专门负责合作交流的部门。采用局部国际化战略途径有助于加强大学国际化的主动性,能够使大学更及时、更有效地捕获国际化发展信息,并将这些信息整合到大学的整体对外战略中,有助于大学更好地提高国际交流能力、核心能力和应对环境能力(见图 5.6)。在该战略指导下,研究型大学把国际教育市场作为资源获取的主要渠

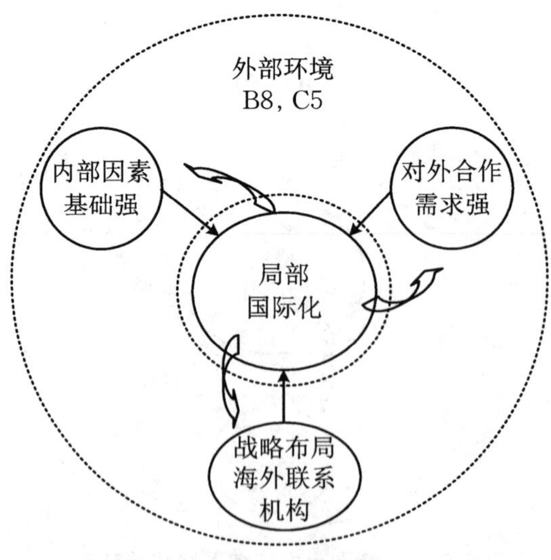

图 5.6　我国研究型大学局部国际化战略路径

道，在构建和拓展渠道方面的投入逐渐增加。该战略路径的实施要点是形成强有力的对外交流合作能力、拓展高校在海外的教育市场；设立海外联系机构，了解国际一流大学国际化发展趋势；通过海外的联系机构吸收国外大学好的经验，通过和国外更广泛的机构进行合作，有效地提高国际化水平，尽快地形成较高的国际地位。采用该战略途径的大学，在局部国际化过程中要注重局部国际化与特色领域国际化相结合。大学指导海外联系机构开展针对性的活动，通过与海外相关机构建立合作关系，并不断地向大学反馈国外大学国际化的进展和需求。采用该战略路径的研究型大学将会对国际化组织机构进行再变革，试图进一步拓展该机构的功能，通过建立更多海外联系机构，使之形成一个全球网络节点的布局，各类国际化资源通过该网络向大学内流动，加上有效的配置模式和项目实践，这些资源便可得到了高效利用，大学的国际化建设水平也会随之提高。

3. 全面国际化战略路径

全面国际化战略路径即针对教学、科研和社会服务制定的全面国际化战略路径。

该类型的国际化战略路径是最高级的路径表现形式，通常采用该战略路径的大学是研究型大学中实力最强、国际化需求最迫切的一流研究型大学。此类大学的外部环境为 C9 型，是目前我国实力最强的大学努力的方向。采用全面国际化战略路径的大学，其国际化的目标为教学、科研以及社会服务的全面国际化，需形成一个高效、覆盖全球的联系机构网络。采用该战略途径的大学，其国际化的方式是通过设立国外联系机构，使更多的国际人员参与到大学国际化活动中来，通过学习、吸收、创新国外大学国际化经验，整合自身资源，形成具有自身特色的国际化发展道路。在该战略路径中，国际化组织机构已经形成，地位得到认可，在校内已经形成了良好的资源配置模式以及有效的项目实施方法。但是国际化组织机构的功能仍有待完善，校内国际化组织机构虽仍是信息汇总的目的地，但是各分支机构与校内机构的关系变得更加平等，分支机构的权限得到扩大，能够自由地与校内相关机构进行交流，而不是仅仅向校内国际化机构传达相关信息。这种模式下，校内国际化组织机构与其分支机构将构成一个特定的网络形式，在该网络中，信息能够被共享，且各个机构能够独立寻找可以有效利用的资源（见图 5.7）。可以看出，全面国际化是国际化的高级形式（赵显通，2015）。在达到全面国际化阶段时，更要注重本土化与国际化的关系以及保护与开放的关系（郜正荣，2016）。

但是，不同地区、不同高校应根据自身情况，选择合适的国际化发展战略路径。像大多数地方院校处于国际化萌芽和起步阶段（张爽，2017），而很多行业性特色大学总体上也处于较低层次的国际化阶段，不同的“985 工程”和“双一流”大学在国际化方面的差异也十分明显。江小华，张蕾（2017）以中国与韩国的研究型大学为对象,分析了两者国际化战略与实施效果的差异。近年来我国研究型大学在国际化战略创新方面也进行了有益探索,如宋永华等(2016)介绍了浙江大学的国际化4S发展战略路径。王祖林(2017)认为院系国际化是大学国际化的关键,推进国际化首先要扩大院系权限,推动校院协同推进,明确地从行政主导向服务主导转型。尽管在战略制定及实施策略方面,我国大学尤其是研究型大学都表现得很积极,但大多仍集中在"明晰的文档"层次,缺乏监督机制(房东波 等,2013a)。而顾建民等(2017)学者通过分析美国大学国际化战略文本发现,其战略规划不仅有宏观的目标,也包括战略实施、评估和监控,甚至对各类具体策略项目运行的时间表均有不同程度的描述,同时组织保障方面也较完备。

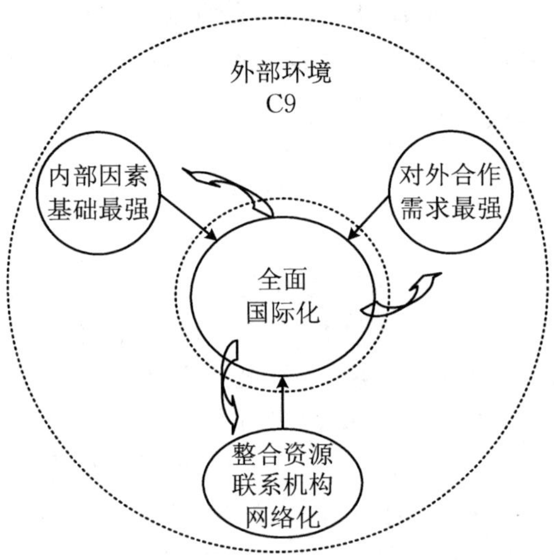

图 5.7 我国研究型大学全面国际化战略路径

5.3 研究型大学国际化组织变革

目前国内学界对大学国际化组织模式的讨论较少。组织模式主要涉及两个方面,一是组织机构的确立,二是组织机构的结构选择。组织机构是大学贯彻实施国际化战略的实体部门。实践中,大多数的英国高校都设有专门的国际事务办公室以负责咨询、协调日常事务处理与通讯支持(胡亦武,2009)等工作。哈佛大学则成立了国际办公室、国际发展中心以及LASPAU组织三个并行的组织结构来推进国际化建设。耶鲁大学通过安排各种专职人员和增加现有编制,增加国际化的行政力量,成立了"国际活动校长理事会""大学国际教育顾问委员会""国际事务办公室""国际学生与学者办公室""语言研究中心"和"耶鲁学院国际教育与奖学金项目办公室”等专职机构。因而成立专门的组织机构来负责具体战略实施已经成为大学国际化的必要手段。

我国大学的外事部门设立由来已久，这除了是大学自身外事工作必需外，还是受行政体制影响的结果。我国大学的管理体制实行的是党委领导下的校长负责制，组织机构的设置与组织结构的选择往往跟政府趋同(徐波，2010)。有学者把我国的大学组织结构分成两个部分，一个是学科结构，一个是管理结构，其中管理结构则是指行政管理部门、党委、团委以及工会机构等，而负责外事工作的机构就属于行政管理部门。

尽管大学国际化趋势明显，然而各地大学国际化的实践发展却十分不平衡。很多地方大学国际活动极少，却仍设有处级外事机构，外事工作难免流于形式，也造成了资源的浪费。大学国际化观念被引入的时间短，大多数国际化工作仍是对传统外事工作的拓展与创新。传统外事机构与国际化组织机构有较大差别，传统意义上的外事机构是一个权限较窄的职能机构，其工作内容大部分仍是采用被动式管控方法，对主动性国际化缺乏话语权，内部组织结构往往与大学组织结构类似。此外并非所有涉外事务均属其业务内容，人事部门、教务部门以及研究生院等均对特定涉外事务具有管辖权，这些特定的涉外事务与管辖部门的职能工作也有紧密联系，如教务处往往负责本科生教育，其中也包括本科生的出国交流等事务。所以从工作范围的角度来说，涉外事务的部门分散化已经成为一个不争的事实。工作内容分散会带来“事出多门”的困境，导致工作流程复杂、成本过高以及效率低下。此外，随着高等教育国际化进程的加快，大学面临的国际化事务不仅日趋繁重，而且更加多样化。传统外事部门已经很难有效完成大学国际化推进工作，大学需要对传统外事部门进行变革，使传统外事部门转为现代意义上的国际化组织机构，以满足大学国际化工作的实际需要。周密等(2011)认为需要建立大学国际化专职主管部门来整合学校国际化资源，缩短信息传递链条。大学国际化组织机构的设立是大学国际化战略的重要实施步骤。作为实体部门，大学国际化组织机构的组织模式即组织结构问题，涉及大学国际化具体工作的划分与协调。组织机构是一个组织的外部表现形式，在组织构成成分相同的情况下，不同的组织结构可以产生不同的组织功能，呈现出不同的组织形态(沈曦 等，2004a)，而组织功能的发挥则影响着大学国际化工作的有序开展，因此，大学国际化组织机构的设立与组织结构的选择是大学国际化战略执行的关键。

5.3.1 研究型大学国际化组织结构的定义

组织结构理论最初运用于企业管理领域，高等教育领域鲜有涉及。组织结构形成的前提是工作内容的确定，在这个前提下，组织应首先进行岗位划分，明确各岗位的类型、权力与职责；其次，确定各岗位间的关系；最后，明确胜任该岗位所需要的能力。组织结构就是由岗位权力、岗位责任、岗位间的关系以及岗位所需能力构成的体系结构。组织结构理论和方法在企业管理中的成功运用,也为大学国际化管理提供了良好借鉴。何淳宽(2010)认为,作为知识创新和传播的源泉,大学不仅研究了各种管理理论和方法,也正在成为先进管理手段的实践者。大学在行政管理上要充分吸收企业、政府的经验。

确立研究型大学国际化组织结构是指通过对研究型大学国际化资源的整合和优化,确立与国际化战略相匹配的内部分工协作模式,以实现组织资源价值最大化和组织绩效最大化。组织结构设计的目的是创建灵活的组织结构,既能满足短期需求,又能为实现长期目标而进行改变,并且在国际化发展进程中,可有效地集聚各类国际化资源,同时协调好组织内部关系以及组织与外部部门之间的关系,使组织内人员明确各自拥有的权力和应承担的责任,保证组织工作的有效开展。从本质上说,国际化组织结构就是在国际化战略指导下,对国际化工作内容进行分工的结果。分工合理、准确则容易产生良性结构,国际化工作便进行得更加顺利;分工混乱则会使国际化工作受阻,组织变革即会产生。因此国际化组织结构会依据战略实施情况而有所调整。

5.3.2 我国研究型大学国际化组织现状

关于组织结构的发展,目前主要有直线结构、职能结构、事业部结构、矩阵结构、虚拟组织结构、星型组织结构以及网络组织结构等形式。直线结构一般不设职能机构,且要求领导者通晓多种知识和技能,亲自处理各种业务,这与我国大学的现状不符。此外,职能结构、事业部结构以及矩阵结构都属于韦伯的"官僚制组织",该结构模式的特点是集权程度较高,具有严格的上下级关系,且以规章制度为运行依据,但是运行效率高,对上级命令执行力强。这几种结构类型在科层制下的各类组织中均得到了良好运用。虚拟组织结构并不是真正意义上的组织,但它却有组织的大部分功能(沈曦 等,2004b)。由于它不符合大学国际化组织结构实体形态的特征,因而不会成为大学国际化组织结构范式。星型组织结构的设想来源于计算机,它是指组织结构的每个部分地位平等,且受组织中心的唯一领导,组织各部分只能通过中心进行信息沟通。网络组织结构是一个由活性结点的网络联结构成的有机组织系统(沈曦 等,2004)。该结构中不存在中心,组织的所有部分地位平等,各部分相互自由沟通,共同决定协调和合作机制。

上述七种组织结构(直线结构、职能结构、事业部结构、矩阵结构、虚拟组织结构、星型结构、网络结构)的模型图已附在问卷中,同时给予了相关说明,以便调查对象理解。在进行问卷调查时,问题被表述为"从战略的角度考虑,贵校国际化组织结构与何种下列组织结构最匹配"。

截至 2012 年 12 月,被调查的 80 所大学反馈的情况如下:有 60 所大学认为职能结构最匹配,有16所大学认为事业部结构最匹配,有4所大学认为矩阵结构最匹配。可以看出,在科层制下我国大学国际化组织结构仍很难摆脱韦伯的"官僚制组织"结构,选择职能结构、事业部结构大学比例为95%,而新型组织结构则只占5%,从本次调查的结果来看,"官僚制组织"结构仍是主流(见图5.8)。

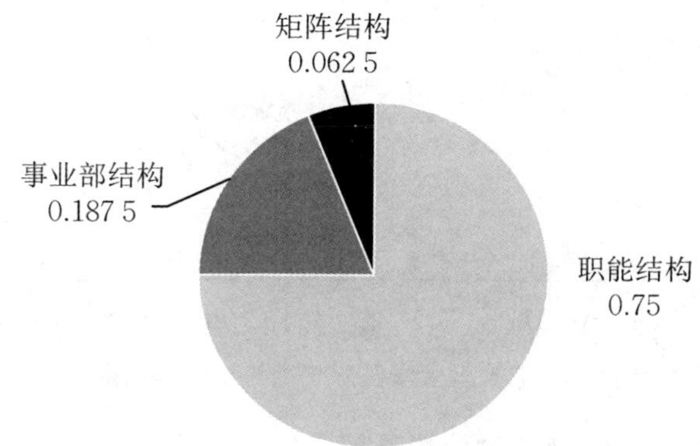

图5.8 我国研究型大学国际化组织结构匹配情况

对国际化组织机构工作中出现的问题进行调查有助于厘清问题发生的原因,使得组织结构的设计更具有针对性,从而有利于问题的彻底解决。在实践工作中,各校面临的问题多且杂,但是很多问题可被统一分类。故本研究根据问卷调查结果,总结出了如下问题:① "事出多门",即业务边界不清晰,不同的行政部门管理着共同的国际化业务;② 部门间沟通存在障碍,信息共享度较差;③ 国际化工作业务流程混乱,缺乏效率;④ 国际化工作整体分工不合理,人员配置与业务量不匹配;⑤ 思维僵化,前瞻性预测能力差。

影响研究型大学国际化组织结构的因素非常复杂,随着国际化进程的推进,它们也会不断地发生变化。不同大学对战略实施的理解力与执行力是不同的,因而其国际化组织结构的影响因素也是不同的。通过调查相关文献资料,笔者分析并总结出了以下几种影响因素,其中A是国际化战略、B是自身国际化基础、C是国际化业务多样性、D是科层制、E是大学规模、F是权力观念、G是信息技术、H是创新思想、I是大学开放程度、J是其他(需填写)。调查方法采用李克特五点量表,其中1为最低分,表明此种因素在高校国际化组织结构设计时被考虑得最少,即重要性程度最低,以此类推。最终以平均分=所有参与调查的大学在该因素上的得分总和/参与调查的大学数,来进行分析。

通过调查,A—J类国际化组织结构影响因素的平均得分分别为:2.32、3.12、3.45、4.08、3.13、3.56、1.53、2.02、3.36。由此可知,科层制、权力观念以及国际化业务多样性已经成为我国研究型大学国际化组织结构最重要的影响因素。信息技术的得分被认为是最不重要的影响因素,因为我国研究型大学在信息技术建设方面已同国际接轨，但对信息技术的运用方面仍然处于初级阶段。转型期的我国高等教育正在发生着深刻变化，行政观念的影响力也将逐渐减小(见图 5.9)。

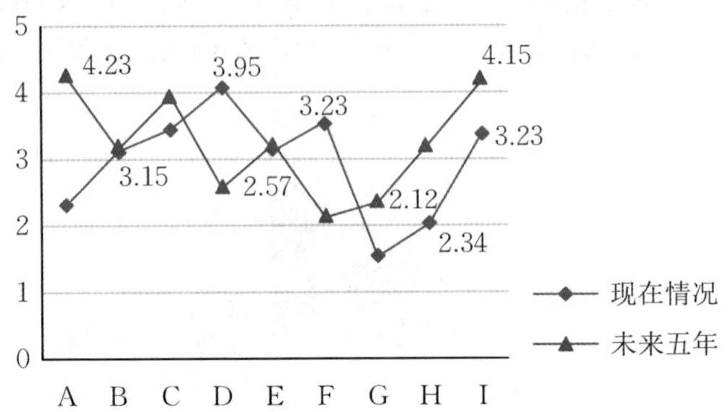

图 5.9　研究型大学国际化组织结构影响因素

与战略相匹配是组织结构设计的基础。从直线结构的产生到网络结构的萌芽可以看出，经济的发展、组织规模的扩大、跨区域的工作分工以及多样化的合作都在推动组织结构的深刻变革。扁平化已成为组织结构的必然发展趋势。扁平化的组织结构更加精简高效，它不仅减少了行政等级，使指令的上传下达更加快速，由此减少了信息失真现象的出现，而且使个体部门更加独立、自主性增加，更有利于创新。在我国大学科层制环境的背景下，大学国际化组织结构的变革需要以共识为基础来逐步推动。

5.3.3　变革型矩阵结构的提出与构建流程

科学地进行组织结构设计，必须要根据组织设计的内在要求、有步骤地进行，才能取得良好效果。研究型大学国际化组织结构的设计，既要与大学现有组织结构良好融合，也要有前瞻预测能力，符合未来组织结构变革趋势，使得未来变革所费成本尽可能达到最低。从问卷调查的结果中可以看出，在科层制下，韦伯的“官僚组织结构”即职能结构、事业部结构、矩阵结构仍是首要选择。其中职能结构更强调分工，行政等级最多；事业部结构内机构重叠，头重脚轻，人浮于事；矩阵结构则易出现“多头领导”现象。相对而言，矩阵组织的出现可以解决职能结构和事业部结构所带来的问题，其柔性度最大，人员编制也最少，同时还能有效地利用其他行政部门的专业优势。宣勇等(2005)也指出，面向科学问题的柔性化矩阵结构是研究型大学组织结构的选择。由此可见，矩阵结构较符合研究型大学组织结构的发展趋势。

大学不同于企业。企业矩阵组织结构能够成功运用的基础是对业务内容的清晰认识，核心是矩阵结构设计者将业务划分为若干个项目单元，并以此进行人员的配置，从而实现矩阵结构的功能。企业矩阵结构中的项目往往具有明确的运行时间范围，项目完成则人员配置解散，因此也给组织结构带来了不稳定性。大学是非盈利性事业单位，其各部门的工作往往具有稳定性和长期性。此外，作为大学整体战略的一部分，国际化的推进需要更多相关部门参与并达成共识。这些差异是传统组织结构很难解决的。因而，研究型大学国际化组织结构的设计必须要对传统组织结构进行一定的完善，以期符合大学国际化发展的需求。根据对研究型大学国际化组织的调查，结合组织设计的原则与要求，我们设计了一种变革型矩阵结构模型。这个结构模型的目标是实现国际化工作的合理划分，梳理并优化国际化工作流程，同时整合学校各部门的国际化资源，实现资源共享，提高大学国际化的整体凝聚力（见图5.10）。

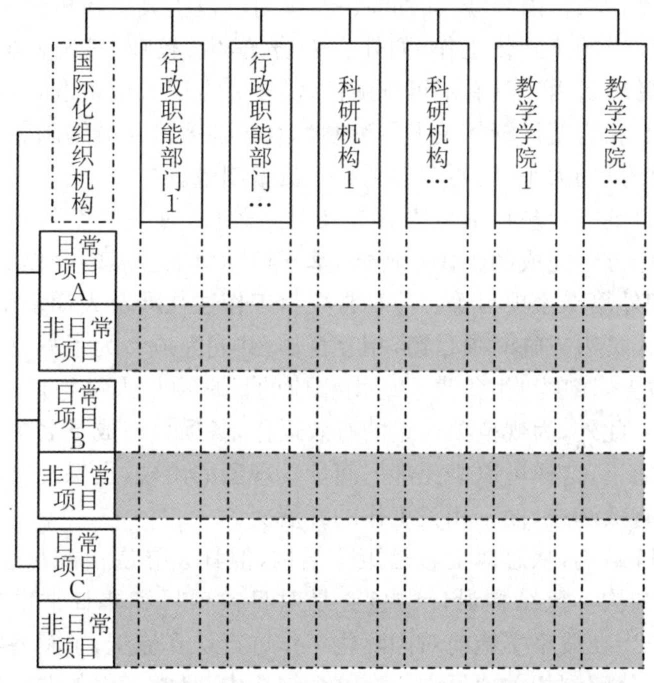

图5.10 研究型大学国际化组织结构——变革型矩阵结构

研究型大学国际化事务呈现多样化发展，这需要国际化组织机构设置相关办公室来集中处理相关事务。由此可见，相关办公室的设置是事务划分的结果。大学国际化事务既包括短期内国际化的具体工作，也包括可预测的长期扩展性工作。从目前来看，根据工作对象的属性不同，大学国际化工作可分为两个部分：软性工作与硬性工作。软性工作，主要是国际化制度、政策的制定工作；硬性工作则涉及学生、教师、科研人员等实体，包括“走出去”与“引进来”两项工作。软性工作的对象具有整体性和指导性，一般花费时间较长，一旦完成，工作成果可在较长时间内发挥作用。此外,软性工作由于牵涉面较广,所以单靠一个部门难以完成,需要相关部门进行密切配合。例如,关于国际科研项目管理相关规定的制定,就需要国际化组织机构与科研管理部门相互合作,才能形成合理的政策文本。硬性工作是大学国际化的主要工作内容,从时间的角度来看,"走出去"和"引进来"两项工作都可以分为短期与长期两部分,对于短期与长期的时间范围各高校均有不同的界定,体现出了各自的特点。短期工作的发生往往很难预测时间节点,随机性较强,而长期则具有规律性,时间性较强;短期工作的处理会比较简单,往往由国际化组织机构单独处理即可,而长期工作则需要多个部门共同协作方可完成。综上所述,可将大学国际化工作的两项划分标准概况为:工作内容的时间长短和完成工作的部门数量。依此标准,我们对国际化工作进行了项目性划分:日常项目和非日常项目。

日常项目是指项目内容涉及时间较短,项目的发生具有随机性,为可由国际化组织机构单独完成的国际化工作,如外宾来访,学生、教师、科研人员、校领导的短期外访等。日常项目由于具有不可预测性,需要有专职人员负责处理,这需要大学依据自身的特点和需要设置相关人员编制。对于各项目人员编制数量的确定既要考虑到项目工作量的大小,还要考虑到总人员编制量。

非日常项目则一般包括项目内容涉及时间较长,时间节点明确、规律性强,需由多个部门协作方可完成的工作。例如,基于校际协议开展的合作交流工作,交换生项目、中长期外籍专家项目等。非日常项目工作往往涉及大学多个部门,因而需要各部门抽调人员组成临时项目组,相互合作,共同完成。为了尽可能减少人员冗余,在人员设置上,该项目组负责人应由相应的日常项目人员担任,项目组成员则由各部门提供。此外,为规范项目组的有效运作,各项目组成员名单应由领导层委员会集体决策通过,这样可以避免部门间扯皮现象的出现,也保证了项目组负责人与成员之间的有效沟通,便于相关工作的开展。

变革型矩阵结构,从总体上看是矩阵结构,但其领导层由委员会构成,其执行层则类似职能结构。该结构设计的核心是对日常项目和非日常项目进行合理划分,因此大学应当在战略实施前对国际化工作进行认真梳理,了解各类国际化工作的流程,并将其分解到相关项目中。在这个结构中,日常工作与非日常工作往往具有重叠性,因而相互协作就显得十分重要。协作是这个结构功能的最大特点,这使得领导层集思广益的成果在执行层上能得到体现;执行层在协作中遇到的问题,又能在领导层的沟通中得到解决,如此便形成了一个良性循环。

在对大学国际化工作的发生机制有了清晰地认识之后,就需要对工作流程进行剖析,以便构建合理的工作程序和划分合理的工作模块。BPR,又称业务流程重组,是一种以业务流程为对象,对其进行根本的再思考和彻底的再设计的过程。根据该理论,可以对大学国际化工作流程进行清晰地梳理,并根据各流程环节的特点进行项目性划分,即日常项目和非日常项目。在明确两类项目的划分边界的同时,使各工作流程都能够清晰地被归纳到两类项目中，以此形成矩阵结构的基本范式。这不仅能够降低人员数量，而且能够提高其服务效率。

构建合作关系的工作往往涉及大学众多国际化事务。例如，组织人员参加国际研讨会，其工作流程是：获取国际研讨会的信息→准备材料→安排相关人员参与→寻找潜在合作对象→构建初步联系→安排领导互访→签署校际协议（见图5.11）。

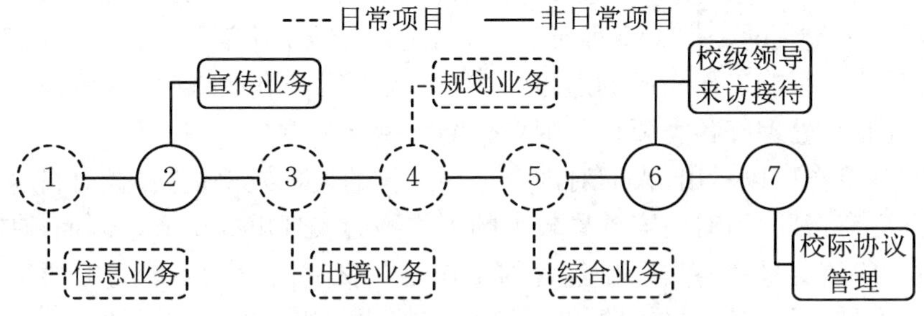

图5.11 构建国际合作关系的业务与流程

（1）获取国际研讨会信息是一个日常工作，国际化组织机构可单独完成。

（2）准备材料，包括大学的外宣材料。外宣材料的重点往往会根据外事活动的安排而有所不同，但从整体上看，材料内容具有稳定性，内容调整一般具有周期性，属于非日常工作。此外，外宣材料从内容确定到设计制作，往往需要大学新闻宣传部门的参与，以便统一宣传口径。

（3）安排相关人员参与。这往往由相关人事部门确定，国际化组织机构独立负责其出境手续的办理。国际性研讨会往往时间较短、种类较多，属于日常事务。

（4）寻找潜在合作对象。合作对象的选择既要满足相关部门自身需求，又要与大学国际化战略相吻合。因此，国际化组织机构既要及时对合作对象进行现状评估，也要对合作对象的潜力进行科学预测。这项工作可由国际化组织机构独立完成，且往往伴随着国际研讨会的召开而发生，因而属于日常事务。

（5）构建初步联系。初步联系的保持，目的是使双方进一步了解彼此，其方法包括实地考察、更全面的材料介绍等。一旦建立联系，大学国际化组织机构就会运用各种方式保持这种日常联系，并为两者签署正式合作文件奠定基础，因而属于日常事务。

（6）领导互访。领导互访是校际间的重大事项，对深化彼此合作、强化彼此关系具有重要意义。领导海外访问考察次数少，但规模大，因而被认为是大学国际化的重要事务，且其涉及人才培养、科学研究、文化交流等诸多事宜，需要大学多个部门展开协同工作，因而属于非日常事务。

（7）签署校际协议。校际协议的内容涉及多方面内容，因而往往需要各部门共同合作拟定，而且协议一旦签署，往往时效较长，因而属于非日常事务。

对各业务流程环节进行项目性划分以后，应分类设置各类项目（如项目A、B、

C、……)至关重要。流程分析完成后,各流程环节所涉及的工作均能够被清晰地表达,对完成该项工作所需要的能力也已形成相关规定。但是,由于流程环节不同、类型不同的工作所要求的人员配置不同,因此当某类项目中包含的工作类型种类较多时,需要的人员编制往往也较多,这样就会导致该项目“虚大”,容易造成项目间力量失衡,从而轻视部分类型项目。如果某类项目中包含的工作量少,而类型多,则易造成人员冗余,使工作人员养成懒惰的习惯,不利于员工的个人发展。如果某类项目中包含的工作类型种类较少,而工作量大,则容易使员工不堪重负,而选择敷衍了事,影响工作完成的质量,同时个人也很难有成就感,容易丧失工作的积极性。因此,处理好各类项目范围划分的问题十分重要。

从实际工作可以看出,人们对内容相同工作的处理效率更高,且对自身业务技能的提升更有帮助,而对内容差异较大的工作则会表现出好奇心。因而,在项目范围划分中,应该尽量使各类项目包含的工作与负责部门对员工能力的要求更加接近。此外,还应保持各项目组间的交流,促进彼此对相关项目的了解。按照以上方法,上述业务中的信息业务、宣传业务、综合业务中的部门内容可以划归到国际化信息制作与宣传项目中,校级领导来访接待可以划归到来访接待项目中,规划业务、校际协议管理均可划归到综合项目中,出境业务可划归到出境管理项目中。由此形成了如下国际化工作各类项目的分类(见图 5.12)。

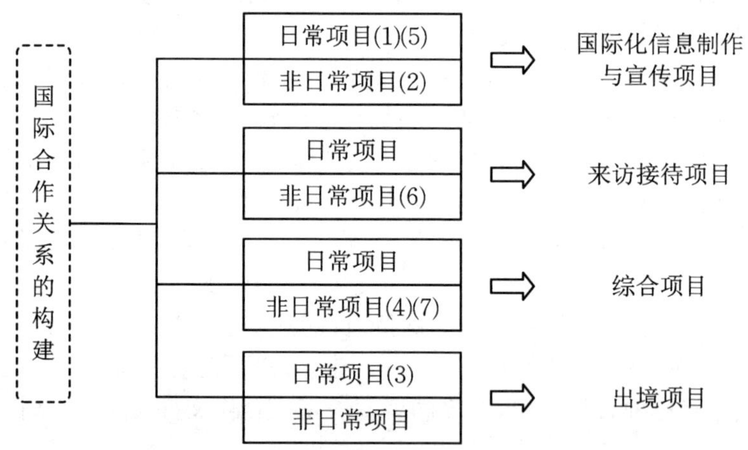

图 5.12　国际合作关系构建工作的项目性划分

采用上述方式,可对国际化的所有业务进行项目性划分,本书不再一一赘述。项目性划分国际化工作是一项系统性任务,它不仅要求国际化组织结构的设计者能够对国际化工作内容进行准确地提炼,而且要对国际化业务的具体流程有清晰的认识,尤其是要精确掌握流程中各环节的内容。这项工作不仅要求组织结构设计者要有综合构造能力,同时还要掌握解构的技术方法。吴伟范等(2015)构建了“三类四维”国际化项目管理框架,为国际化项目管理方法创新奠定了基础。

5.4 研究型大学国际化资源配置

5.4.1 我国研究型大学国际化资源现状分析

改革开放以来，我国各领域的对外开放不断扩展与深化，加大对大学国际化的投入已经成为我国大学实施对外开放政策的一个重要组成部分。根据教育部《中国教育年鉴》统计，从2004年到2007年，教育部直属高校聘请外籍教师的总经费由2.64亿元增加到4.42亿元，年均增加约为0.6亿元，聘请的外籍教师由14 898人次增加到22 049人次。国家也专门设立了专项奖学金以资助优秀的自费留学生，主要有“国家优秀自费留学生奖学金”以及各校自己的资助政策。“国家优秀自费留学生奖学金”不仅资助金额高，由5 000美元/人提高到6 000美元/人，而且资助面广，将我国留学生人员集中的目的国，如美国、日本、英国等29个国家的自费留学生作为资助对象，已经累计资助了1 400多名优秀学生。在公派留学方面，以“国家建设高水平大学公派研究生项目”为例，从最早计划的每年选派5 000名研究生，到2008年选派6 000人，2014年选派7 000人，该项目几乎覆盖了我国所有的研究型大学，是实施“走出去”战略的重要内容。我国研究型大学国际化逐渐由单一的“引进来”发展为“引进来”和“走出去”两种路径同时发展，且更注重“走出去”，实现本土人员的国际化发展。

1. 经费规模和来源

由于研究型大学的国际交流合作的项目众多，很难进行详细的数据分析，笔者参考相关文献，采用李克特五点量表制做出关于国际交流与合作经费的调查问卷(见表5.2)。

表5.2 高校国际化经费情况调查问卷表

问　题	分　值	是否与贵校情况相符
贵校国际化经费占校总经费的比例为1%以下	1	
贵校国际化经费占校总经费的比例为1%—5%	2	
贵校国际化经费占校总经费的比例为5%—10%	3	
贵校国际化经费占校总经费的比例为10%—20%	4	
贵校国际化经费占校总经费的比例为20%以上	5	

被调查的大学中，有3所大学的国际化经费占总经费的比例为5%—10%，有10所大学的国际化经费占总经费的比例为1%—5%，而其他67所高校的国际化

经费占总经费的比例在1%以下，没有一所大学的国际化经费比例超过10%。据统计，美国“常春藤”大学的国际化经费比例都在10%以上，可见我国研究型大学的国际化经费投入规模还是非常小的。国际化经费的来源（见表5.3），主要有中央及地方财政拨款、大学自筹经费以及企事业单位的捐助等，就其目前的经费结构而言，政府财政投入依然是其主要来源（李艳，2010）。

表5.3 高校国际化经费来源主要渠道情况

问 题	分 值	是否与贵校情况相符
贵校国际化经费占校总经费的比例为1%以下	1	
贵校国际化经费占校总经费的比例为1%—5%	2	
贵校国际化经费占校总经费的比例为5%—10%	3	
贵校国际化经费占校总经费的比例为10%—20%	4	
贵校国际化经费占校总经费的比例为20%以上	5	

从调查结果看，90%以上大学国际化经费来源于政府财政拨款，其中部分“985工程”大学国际化经费来源中自筹经费所占比例最大，这说明这些大学凭借着自身的品牌效应和综合实力，拓展多样化的筹资渠道，这些筹资渠道的获取大大增强了高校国际化建设能力。尽管如此，我国与发达国家相比仍存在不小差距。例如，从留学生的角度看，中美两国在留学资助方面的差距较大，中国留学奖学金覆盖的比例约为5%，而美国的资助留学生的比例则达到38%左右，其中美国政府出资仅占0.5%左右，仅相当于中国政府资助比例的十分之一。随着大学进一步拓宽筹资渠道，预计在未来十年内，我国大学国际化经费来源会有较大变化，非政府资助将极大增加，多样化筹资渠道体系更加健全。

2. 经费支出方向分析

在被调查的大学中，研究型大学国际化经费主要用在国际合作科研、学生国际交流以及教师国际交流三个方面，其中学生国际交流经费比例最大，约占50%，教师国际交流经费约占35%，而国际合作科研占15%。学生交流的目的高校中，约有50%集中在美国，30%集中在欧洲和日本，20%分布在世界其他地区。教师国际交流与国际合作科研均呈现出相同趋势，美国、欧洲及日本占比超过80%。而在教学研究型大学中，校际协议的签署对象往往为国外非一流大学，亚洲及欧洲高校居多，以此为基础的交流所占比例较大。未来十年内，这种经费支出的格局不会出现较大变化。这个结果说明，我国研究型大学国际化经费的支出格局主要表现为“学习模式”。具体地说，“学习模式”的特征为国际化程度低的大学向国际化程度高的大学学习，高等教育实力弱的高校向高等教育实力强的高校学习。改革开放四十年的经验告诉我们，借鉴外国先进的教育发展模式一定要根据我国的实际国情和校情进行再创造，才能发挥强大的作用，照搬照抄式的教育发展模式最终会趋于失败。采用“学习模式”的大学其国际化经费的支出目的是增强大学国际化的主动性，无论是学生还是教师，国际交流活动能够对其思维、观念产生影响，使其能够更及时、更有效地获取外国大学国际化发展信息，基于这些信息的整合，及时制定、调整我国研究型大学的国际化策略。“学习模式”告诉我们，优秀的国际化资源仍集中在欧美、日本等发达国家和地区，在这些资源地建立海外联系渠道，作为我们国际化的信息窗口，将是我国研究型大学国际化未来发展的重点方向之一。

3. 人力资源现状分析

通过问卷调查可发现，我国研究型大学中只有极少数在国外建立专门的联系渠道，海外人才的招聘主要以网络发布信息、合作科研、校友联系等方式为主。“985工程”大学中专职外籍教师平均为20人，平均授课时间为1.5年；而教学研究型大学中专职外籍教师平均为9人，平均授课时间为2年。“985工程”大学短期国际交流访问的专家人数超过200人次/年，“211工程”大学也超过100人次/年。长期聘用外籍专家被当作大学国际化的重要标志之一，常常被“过度使用”。外籍专家在学科建设以及专业领域方面的才能由于受到校内各方面的限制而不能得到充分发挥，此外加上对中国文化的不适应、对生活条件要求以及整体校园氛围的影响都会使他们难以长期在中国高校工作。这说明我国高校对外籍专家的长期入驻缺乏吸引力，从侧面反映了我国研究型大学在外籍专家聘用方面的工作有待改进。

来华留学生人数呈逐年增长趋势，以非学历生为主，所占比例平均达到67.25%，而美国则为13.32%，两者差距较大。中国留学生中的非学历生占比呈下降的趋势，从2004年的71.5%下降到2007年的65.11%，降幅为6.39%，年均降幅为1.6%；而美国留学生的非学历生的占比却在逐年增加，从2004年10.87%到2007年的13.32%，增幅为2.45%，年均增幅为0.625%。美国在外国留学生的培养层次上，以研究生为主，本科生为储备，实习一体化培养的比较多，即本科—硕士—博士连续培养，而来华留学生中大部分是进修学习汉语的非学历生，研究生数量少，来华攻读学位的高层次留学生的数量同美国相比还有很大差距。

调查中发现有38%的大学从事国际交流合作的专职编制人员人数超过20人，其他大学均在20人以下，且很多大学存在“混编”现象，有些专职人员还肩负着一些教学工作。此次调查的大学中，从事该类工作的专职人员基本上都是中国人，主要原因是专职人员往往是长期稳定的，因而难以招募外籍人员。此外，使用外籍人员的成本过高，文化沟通上的障碍也是需要考虑的问题。但是外籍人员的优势不容忽视，他们了解国外的教育思维模式，熟悉国外高校国际化的基本流程和相关环节，对推动国际化的重要性不言而喻。

4. 信息资源现状分析

研究型大学国际化中的信息资源主要包括硬件和软件两个部分，硬件部分主要是指获取信息的技术设备，软件部分包括数据库及信息传递机制。信息技术设备是指能够从外部数据源接收数据，并对所接收的数据进行某些处理，以提供数据输出的设备，包括计算机、路由器等。这些设备是大学国际化建设的物质基础之一，因而这些设备是否齐全以及使用率如何都会对国际化建设产生影响。

信息传递机制是大学快速、经济地获取并利用信息的保证。获取的国际化信息需要在教学院系、科研部门以及行政职能部门三者间进行传递。其信息传递的基本流程如图 5.13 所示。

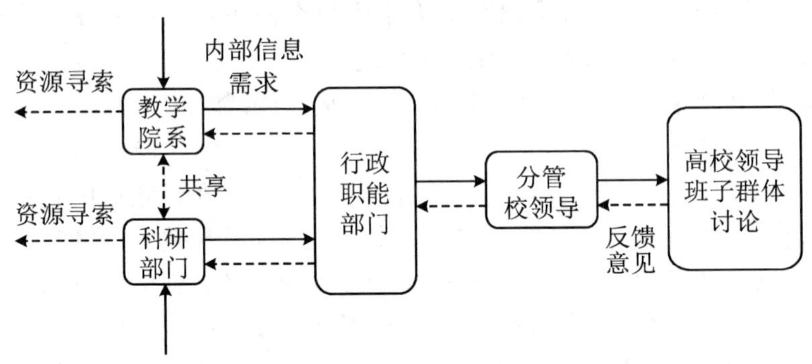

图 5.13 大学国际化信息传递的基本流程

从图 5.13 中可以看出，国际化信息是在一个较长的行政等级链条上进行传递的。这种较长的行政管理等级链条，权力集中度高，涉及部门较多，容易导致传递成本增加、效率低下等问题(徐建中 等，2006)。信息传递的终端是大学领导班子群体，而这个群体是高校国际化战略的制定者，对高校国际化发展战略最为熟悉，因而作为国际化信息的判定者是最符合这种战略需求的。此外，该群体处于高校行政权力的金字塔尖，下级对信息反馈意见的执行也最为顺利，保证了信息的及时传递与处理。但是外部信息的驱动往往具有时效性，因而较长的反馈时间也容易导致信息的“失灵”。

5.4.2 我国研究型大学国际化资源的渠道构成

“2011 计划”明确提出，要大力推进学校和地区发展和国际合作的深度融合。从总体上看，我国高校类型多且所处区域经济发达程度不同，政府给予的资源不仅有限而且较为分散，导致了高等教育资源配置的地区性差异过大(傅毓维，2005)，这极大地影响了我国高校国际化发展进程。这就需要高校打破封闭的观念，从开放合作的角度出发，通过构建外部国际化渠道来获取国际化资源，同时配合内部机制改革，实现渠道的有效整合，从而达到有效利用资源的目的。Chesbrough(2003)提出了开放式创新模式。陈钰芬等(2008)从中国企业的角度对开放式创新的概念进行了重新定义。企业选择开放式创新模式就是因为企业内部资源不足，难以进行可持续创新。企业需要对创新过程中的各环节进行梳理，剖析出各环节所需的资源：哪些是企业充分拥有的，哪些是稀缺的但可从外部获得的。在寻找外部合作对象时，甚至还需要计算出获取这些稀缺资源的成本与创新绩效的关系。总之，开放式创新就是要通过合作获取资源，创造绩效。高校国际化则是通过与外部实体合作构建国际化渠道，获取外部跨国界的高教资源，并与自身要素相融合来提升国际化水平。由此可见，两者的内涵是相通的，这样就为相互应用提供了理论支撑。

当前，经济全球化深入发展，经济要素带动教育要素一起在全球范围内自由流动。大学要打破国际化发展僵局，应以自身实际情况为出发点，配合学校发展战略，建立可靠的外部国际化渠道，获取多样的外部国际化资源。大学的外部合作，要突破原有的概念，转变合作思维方式，充分利用国内、国际两个市场，把大学以及外部国际化的利益相关者都纳入到合作范围中来。这便形成了有效的国际合作网，该网络中的两个节点间形成的国际化渠道就能为大学国际化提供潜在的国际化资源。

传统的大学专注于校际合作，而以校际合作为单一渠道已经不能满足国际化发展的需求，产、学、研合作则为打破这种局限提供了良好平台，但是由于国际性的产学研合作对于我国大学来说仍有较大难度，大部分国际性的产学研合作仍然集中在世界一流大学。开放式创新模式能够使大学吸收与之组成要素相关的所有国际化发展思路，更主动地挖掘、获取并利用外部国际化资源。对我国研究型大学而言，采用开放式创新思路是一个很好的选择。现在的大学作为社会网络的一个节点已经融入到经济社会之中，与其他社会节点发生着直接或者间接的联系，各节点之间相互进行着人、财、物、信息以及知识的交流，但这种联系不是天然存在的，因而寻找到与自身国际化发展相关的一切外部节点，并构建合作渠道是开放式创新模式对研究型大学国际化发展的根本要求。

从产业链的角度来看，这些社会网络节点也是大学国际化的利益相关者，直接或者间接的节点联系就是国际化资源获取的渠道，而这些节点集就构成了外部国际化实体群。我国大学借助多种手段充分开拓外部的资源渠道，实现大学国际化资源渠道的广泛性、多样性，同时通过这些渠道使大学获取并利用其国际化资源。

从机构划分来看，我国研究型大学一般是由教学部门、科研部门以及行政部门构成，三者有机统一、相互协作共同促进了大学的有序健康发展。从资源构成结构来看，大学主要由人、财、物、知识、信息构成，这些资源分布在上述三种部门之中，既有共享部分，也有某一部门独享的部分。国际化资源是进行国际化建设的物质条件。获取资源的前提是获取渠道，而渠道很多时候也被当成是一种资源。与三种部门国际化发展有关联的外部实体主要包括政府、高校、企业、研究机构和其他组织。这些联系既包括清晰的、直接联系如访问交流、联合科研、国际性产学研等，也包括模糊的、间接联系如科研部门与研究机构的合作交流信息，这些联系往往由大学的管理部门负责，如图 5.14 所示。

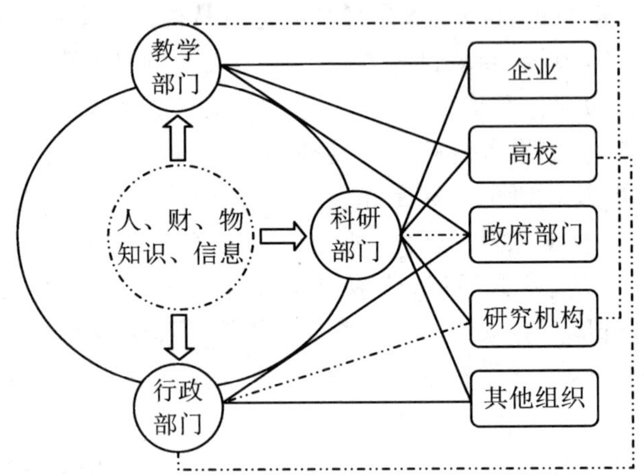

图 5.14　高校国际化外部利益相关者分析

1. 国际化资源渠道的分类

(1) 政府部门

就目前来说，大学的大部分经费来源于政府(黎琳，2003a)。政府作为高等教育国际化的重要推手之一，在大学国际化方面给予了重要的支持，包括政策以及财政方面。政策方面，鼓励高校作为教育实体积极主动地谋求国际化发展，在“引进来”和“走出去”两个方面给予大学政策倾斜。此外，政府以设立各类研究项目的方式吸引国内外大学、企业参与，不仅为研究问题的解决提供了多样化的思路，更为参与者提供了深度国际交流合作的机会。此外，西方发达国家几乎都成立了相关政府组织机构来直接或间接推动高校国际化工作，如美国的国际化教育中心(CIEO)、法国的法兰西教育署(EDUFRANCE)以及德国的德国学术交流中心(DAAD)等。但就目前而言，我国尚未成立综合性的政府机构来推动这一事宜，这就需要大学自行进行组织变革以迎接外来挑战。

(2) 国内一流大学

国内一流大学是我国大学中最容易获取国际化渠道的。首先，国内一流大学拥有相同的文化背景，并且相互了解，沟通起来比较方便。其次，同属于教育领域，在很多方面具有共同的利益。最后，国内一流大学间的交流频繁，无论是领导层面的还是部门层面的，各类信息的获取和交流更容易，且成本较低。

目前国内一流大学在自身的国际化建设方面取得了积极成效。Quacquarelli

Symonds 发布的世界大学排行榜(2012—2013 年)中,排名前 100 所世界大学的国际化情况如表 5.4 所示,我国研究型大学国际化情况如表 5.5 所示。

表 5.4　Quacquarelli Symonds(2012—2013 年)世界大学前 100 名国际化情况

国际视野得分	大学数量
0—20	0
20—30	8
30—40	19
40—50	13
50—60	18
60—70	14
70—80	10
80—90	12
90 以上	6

表 5.5　Quacquarelli Symonds(2012—2013 年)我国研究型大学国际化情况

国际视野得分	高校名称
54.1	北京大学
37.2	清华大学
38.6	复旦大学
48.4	南京大学
20.7	上海交通大学

可以看出,我国一流高校的国际化得分已经处在世界一流高校的水平之列,尽管尚未达到最高水平,但这也说明这些大学获得了很多国际化资源,这也为其他研究型大学提供了机会,如某校举办的国际性文化活动可以邀请他校参加,这样其他学校便获得了与外籍学生合作交流的机会。此外还有信息以及国际化办学经验等资源,因而对于其他研究型大学来说,与我国一流大学共享渠道不失为一条捷径。

(3) 国内一流研究机构

国内一流研究机构种类较多,既有独立专门的机构,如中科院下属的研究所,也有大学内部的研究机构,如很多国家实验室、国家重点实验室都设立在大学校园内,还有校企联合实验室、企业独立的研发实验室等。这些一流研究机构在跟踪前沿研究或者技术成果方面,往往关注的是该领域内的国际前沿成果或热点、难点问题。经济全球化和网络的发展使得每一项领先的研究成果都离不开从国际同行中汇集起来的各类信息和资源，闭门造车式的研究是无法取得领先地位的。有些存在于一流研究机构的国际化资源是无形的，如国际化的思维方式等；有些是有形的，如国际先进的实验设备等。与国内一流研究机构共享这些资源，对于大学而言，往往是其在科研上创造国际化成果的重要促进因素。

（4）国内一流企业

国内一流企业如中兴、华为、海尔等已经成为了优秀的跨国企业，掌握着丰富的国际化资源，包括管理方式、创新思维、科学研究。大学培养国际化人才就需要与这样的企业接触并谋求合作。影响大学的不仅是可以参与该类企业某一个有外国专家参与的研究课题，更重要的是借机培养国际化观念。对于国内一流大学来说，产、学、研往往是其合作的主要模式，还包括企业对大学国际化发展的赞助等，这些都为大学国际化发展注入了新的动力。

（5）外国企业国内分支

外国企业国内分支机构有很多种类型，如在国内设立研发机构、工厂以及独资公司，这些机构有完整的国际化管理模式，也有很多国际化人才。外国企业国内分支往往以在大学内设立企业奖学金、共建联合实验室的形式来扩大其品牌知名度。此外有些企业还邀请国内专家参与其研究项目，这样就为大学国际化提供了更广阔的合作空间。此外，毕业生在外资、合资企业的就业表现也是大学国际化的重要表征（黎琳，2003b）。

（6）中介组织

与高校国际化有关的中介组织包括媒体、培训机构、留学中介，等等。媒体的关注与报道能够扩大学校的影响力，增进外部实体对大学的认识，这样大学与外部实体的合作机会就会大大增多。而一些涉外培训机构能够使高校人员对涉外事务的处理更加娴熟、专业，对提高国际化能力大有裨益。此外，从学生的角度来说，目前我国学生出国留学仍以自费为主，如表 5.6 所示，这就使得大学必须做好与留学中介的联系工作，不仅能推动学生积极“走出去”，而且还能从留学中介那里得到很多国际化信息，为大学国际化持续提供活力。

表 5.6　近五年来我国出国留学人数情况

年　份	出国留学人数（万人）	自费留学比例
2007	33.91	92.8%
2008	28.47	84.3%
2009	22.93	91.6%
2010	17.98	89.9%
2011	14.4	89.6%

（7）外国高校

就目前来说，构建与外国大学的校际合作仍然是国内高校最重要的外部国际化渠道。很多外国大学都采用市场化运作手段，使得各种国际化资源向其流动。签署校际协议成为了中外大学之间最主要的官方合作方式，无论是学生交流、教师互访还是联合科研等都在协议中有明确的规定。鉴于外国大学独特的管理方式，很多院系均能够直接对外签署合作协议，这也为高校间的交流合作提供了更加灵活的方式。此外，我国大学在外国高校的校友群体也是推动建立该渠道的重要力量之一。

（8）外国企业

目前，世界500强公司中已经约有490家在中国投资，并成立了相关分支机构，且大部分在华投资的外国企业都采用了本土化策略来适应中国市场。国际化人才首先要融入国际市场，而想要在国际市场中自由流动必须具有在外国企业工作的经验。因而从国际化人才培养的角度来说，大学应该获取更多的与国外在华企业合作的机会，为国际化人才的培养提供一条可行的路径。

（9）外国研究机构

国内已经有很多大学与外国研究机构建立了良好的合作关系，在科技攻关以及全球和地区重大科研课题方面展开合作，如清华大学与美国橡树岭国家实验室合作成立了中美清洁能源联合研究中心。外国研究机构拥有的先进的科研设备以及良好的科研软环境都是国内研究型大学国际化所需要的重要资源，无论是共享某些资源，还是学习资源的管理使用机制都有利于促进双方的国际化发展，更好地提升国内大学的科研国际化能力。

（10）国际组织或机构

国际组织是促进高等教育国际化的不可缺少的外推力（罗晋辉，2001）。国际组织具有国际性行为特征，在全球范围内具有较大影响力，在解决全球性问题方面发挥了积极作用，在调查、研究、分析等方面都具有较高水平。这些调查研究以及建议报告等为国际教育交流与合作搭建了平台，在教育国际化过程中起到桥梁和向导作用（吴坚，2008）。大学是人才培养的主要场所，国内研究型大学与国际组织尤其是与非政府间国际组织（INGO）的合作，不仅有利于学生开拓国际视野、培养兴趣，同时也提升了大学的国际影响力。

（11）外国中介组织

通过外国中介组织如媒体、报刊等，加强我国大学对外宣传力度，使外部国际化实体能够充分了解我国高校，为开拓合作空间打下基础。例如通过与《Nature》《Science》这样权威期刊合作，投放适当的大学宣传页面，对大学的科研国际化具有重要影响。

2. 国际化资源的渠道特征

(1) 稳定性

我国研究型大学都是公立办学的,公立办学往往有政府信用做后盾。因此不同于企业在满足一项创新需求时可以汇集外部创新资源,在创新结束后则使这些外部资源流出。大学一旦构建了外部国际化渠道,就会使其固定起来,并可以在相当长的时期内维持这些外部国际化渠道关系。稳定的外部国际化渠道不仅可为大学国际化的可持续发展提供支持,同时也使外部国际化实体对大学的了解逐步深入,进一步探索合作空间。

(2) 共享性

对大学而言,独立拥有某一种外部国际化渠道几乎是不可能的。大学之间往往会形成一个国内渠道圈,在这个圈中,人、财、物、知识、信息、技术等资源可自由流动。例如,一家采用多元化战略的一流企业,就需要同多个大学进行产、学、研合作,因为大学的优势和特色发展各异。外部国内实体由于自身发展的需要,相互之间已经构建了正式或者非正式的渠道,也构建了一个国际渠道圈。因此,在建立外部国际化渠道的同时,高校应该认识到,只有充分利用已获取的国际化资源,而不是谋求独占资源,才能给高校国际化带来种种好处。

5.4.3 研究型大学国际化资源流动模式分析

由于我国研究型大学国际化发展程度不平衡,“985 工程”中的少数大学已经踏上了国际化建设的发展阶段,并将特色优势扩展到几个乃至大部分教学学院以及科研部门中,以其为纽带,加上海外校友等联络方式构建了海外非官方的联系渠道,有的已经在尝试着招聘海外人员做专门顾问,负责海外信息的沟通联络(见图 5.15)。

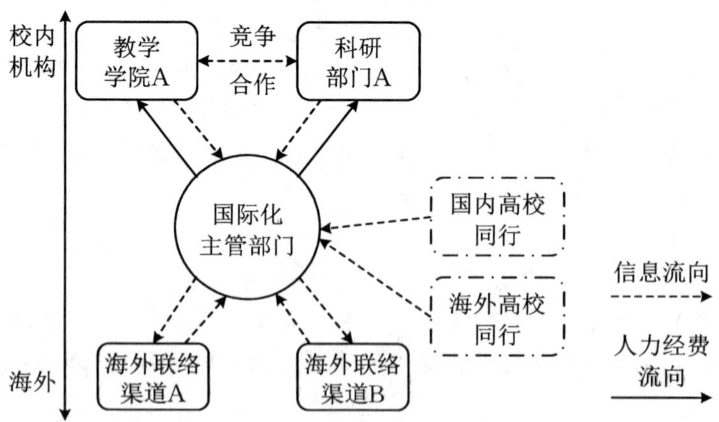

图 5.15 研究型大学国际化发展阶段资源流动模式

这类大学主动地进行国际化的海外运作，将校内的发展需求与海外的营销推广有效地结合起来。这类大学不仅注重国内高校的国际化发展状况，还更多地把目光投向海外，把海外因素作为学校发展的推动因素之一。他们不仅注重国际化的数量指标，更把结构指标、比例指标作为衡量国际化的关键指标。例如，在留学生教育方面，在吸收第三世界欠发达国家学生的同时，也关注发达国家的留学生；在学位教育方面，更注重学位生的占比。

此类大学国际化发展的重要措施是整合学校国际化资源，缩短信息传递链条，形成国际化专职主管部门，该机构成员主要由各教学学院院长、科研部门负责人、行政部门负责人和高校领导组成。机构一般设常务办公室，专门处理国际化程序性事务，非程序事务一般需要主管机构通过开会决定。国际化专职主管部门的建立是对大学内部管理体制的重要改革，其改变了管理行政化的色彩，强化了学术力量在资源配置中的作用(吴立保，2011)，是大学组织结构“扁平化”的重要尝试。该机构对内传递并处理教学、科研等国际化信息，对外负责联络、接受处理海外信息，因此，该机构成为了大学国际化信息的集中区，大大提高了大学国际化建设效率。从决策的科学性来说，国际化专职主管部门主导国际化资源的配置更为合理和富有效率(王华 等，2004)。从资源分配的角度看，国际化主管部门对资源的分配仍缺乏有效的监督，国际化主管部门对海外渠道的资源的分配是否合理与公平尚存在争议。但是，该部门对校内与海外国际化信息的整合，能够更有效地提供人力与经费分配策略。

5.4.4 我国研究型大学国际化资源的整合与配置

1. 经费的有效获取和配置

充足的经费支持、良好的政策制度和完善的国际化基础设施条件是大学国际化成功的保证。但是我国研究型大学目前用于国际化建设的经费数额少、国际化内容形式单一。与发达国家的国际化大学相比，我国研究型大学的国际化建设关注的重点仍是数量指标，对国际化信息的捕获、分析以及利用能力较差，对国际化经费的要求较低。相对于国外大学来说，我国研究型大学国际化的发展进程仍比较缓慢，经费来源渠道单一，在学校各部门间的分配缺乏合理指导、效率较低。因此，研究型大学对国际化建设的投入力度必须加强，尤其是那些已经进入了国际化发展阶段的研究型大学。国际化内容形式单一是我国高校国际化面临的一大难题，而这又会限制国际化建设经费的申请与获取，因而我国高校在丰富国际化内容的同时还要注重拓宽经费来源渠道。中央与地方财政的拨款毕竟有限，且受到经济发展状况好坏的限制。所以，随着研究型大学国际合作交流活动的增多，高校需要进一步拓宽非财政拨款方面的经费来源，把企业、个人纳入来源对象范围。总的来说，我国高校国际化建设经费来源单一、数额少、分配缺乏效率，尚未形成的良好的经费获取及使用机制。在国际化快速发展的今天，如何拓宽经费获取渠道，筹措更多国际化建设经费，以充分支持我国高校的国际化发展，是亟须考虑的重要问题，也是未来的研究重点之一。

2. 国际化人力资源的有效配置

国际化人才的需求在很长一段时间内不会减少，国际化人才的数量要与我国研究型大学国际化的发展进程相匹配。从目前来看，我国"985 工程"高校中，具有一年以上留学背景的专职教师占比仅为 20%—30%，其他大学的比例更低，我国研究型大学的国际化人才尤其是高水平国际化人才十分匮乏。从中央组织部的"千人计划"来看，尽管大部分的"千人"都在大学工作，但在大学总的师资中的占比仍然十分微小，引智工作仍需进一步加强。同时，我们应该看到，无论是何种国际化人才的引进计划，理工科人才几乎占了 90%以上，对人文领域如法律、经管等方面国际化人才缺乏重视是目前高校人才工作的短板。人才数量的缺乏与人才结构的不合理都将直接影响到我国高校国际化的发展。研究型大学除了需要加强自身现有人员的国际化培训与教育外，对海外本土人才的引进与使用在数量和质量上必须大幅度提高。除了教学、科研人员外，还需要重视国际化建设工作执行者的选任工作，只有优秀的执行者才能保证国际化建设工作的顺利进行。

3. 国际化信息的高效吸收、传递与使用

从目前状况看，我国大部分研究型大学获取国际化信息的渠道少，信息分析、利用能力差。因此，在国际化建设中要拓宽国际化信息渠道，打造更为专业的国际化团队，充分利用多样化的国际化信息。除了国外大学外，科研机构、企业单位等都应该成为我国高校未来海外联络的重要对象；开展联合科研、大学生海外实习等富有特色的国际交流与合作，探索国际化新形式；同时需要认真学习和分析这些组织机构的日常国际化活动，以获取相关信息等。获取外部国际化信息以后，传递、分析与使用成了研究型大学国际化发展的关键，尤其是整合各种国际化信息、海外联系组织间的信息沟通与共享、教学学院与科研部门间的竞争和合作都将使信息的有效使用变得更加复杂、困难。信息的获取、分析与使用需要专业人员和技术设备，这些是大学国际化信息处理的第一步，因此信息传递渠道的畅通和对信息的正确理解也是大学内部各部门应当注意的关键问题。

5.5 研究型大学国际化项目的实施

5.5.1 项目内容的确定

我国研究型大学为实现国际化发展，率先制定了一系列国际化战略。为了了解其相关内容，本书对我国研究型大学进行了调查，以期为战略实施方法的选择提供文献支持和数据信息。各校对国际化战略的认识不同、重视程度不一，有的大学制定了专门的国际化战略，有的大学将国际化战略包含在相关教育事业规划中，相关文献中也涉及了大学国际化战略内容，这些文本都属于本次调查的内容。目前我国研究型大学发展并不均衡，只有少数大学形成了专门的国际化战略文本文件，而大多大学国际化战略则只在中长期规划如"十二五"规划中有所体现。这些学校在发展规划中，清楚地表达了教育国际化的意愿(房东波，2013b)。大学开展国际化更多地被整合为项目的形式予以推动。例如，日本2011年推出"加强大学世界拓展力事业"(秦东兴，2017)，2014年又推出"顶级全球性大学计划"。我国推出的"国家建设高水平大学公派研究生项目"也是从国家层面推动高等教育国际化的重要项目体现。本书通过调查各大学的"十二五"规划，搜集各大学关于国际化发展的相关项目内容，并对各大学国际化战略项目内容的组成要素进行了界定。由于各大学相关资料的保密程度不一，最终搜集了24所大学的相关资料，如表5.7所示。

表5.7 我国研究型大学国际化战略文本内容来源

大学名称	国际化战略文本内容来源
天津大学	《天津大学国际化战略实施纲要》
武汉大学	《武汉大学教育事业发展"十二五"规划》
东南大学	《东南大学"十二五"改革和发展规划纲要》
复旦大学	《复旦大学"十二五"发展规划纲要》
北京大学	《北京大学"十二五"改革和发展规划纲要(2011—2015年)》
厦门大学	《厦门大学"十二五"规划和2021年远景规划》
南京大学	《南京大学"十二五"规划》
山东大学	《山东大学改革和发展"十二五"规划》
南开大学	《南开大学"十二五"事业发展规划纲要》
上海交通大学	《上海交通大学2010—2020年中长期发展暨"十二五"规划》

续表

大学名称	国际化战略文本内容来源
湖南大学	《湖南大学“十二五”发展规划纲要》
吉林大学	《吉林大学实施国际化战略规划(2011—2020年)》
华南理工大学	《华南理工大学改革和发展“十二五”规划(2011—2015年)》
中山大学	《中山大学“十二五”发展规划》
兰州大学	《兰州大学“十二五”建设与发展总体规划(2011—2015年)》
重庆大学	《重庆大学“十二五”发展规划(2011—2015年)》
四川大学	《四川大学改革和发展“十二五”规划》
电子科技大学	《电子科技大学“十二五”发展规划》
西北工业大学	《西北工业大学教育事业发展“十二五”规划和2020年远景规划》
华中科技大学	《华中科技大学“十二五”发展规划》
中国海洋大学	《中国海洋大学国际化战略实施意见》
北京师范大学	《北京师范大学“十二五”发展规划纲要》
同济大学	《同济大学“十二五”规划纲要》
中南大学	《中南大学“十二五”事业改革和发展规划纲要》

战略措施是为保障战略实行而采取的各种全局性的切实可行的方法和步骤。各类大学国际化战略措施，从形式上看是各种措施的集合，从内容上看则是战略目标的分解，即子措施或者二级目标。而各种二级目标往往又构成了大学相关部门的战略目标，在此基础上，各部门又制定了相应的三级目标。各级子目标均由上级目标衍生出来。由此可以看出，大学国际化战略措施是由实现战略目标的各级各类子措施构成的措施体系构成，该体系既是措施体系，又是目标体系。措施即解决问题的方式，解决的是“如何实现”的问题，表现为一系列的行动，即通常所说的国际化项目活动。目标即最终成果，解决的是“实现什么”的问题。目标既可以用模糊的语言表达，也可以用量化的方式确定。模糊目标与量化目标各有其特点(见表5.8)。

表5.8 模糊目的与量化目的比较

	优点	缺点
模糊目标	可更好地发挥能动性 便于及时调整	可操作性差 获取资源能力差 难以评估
量化目标	好执行 便于评估	僵化 能动性差

因此,大学国际化的各级子目标越趋于量化则说明大学调查和规划的工作越细致,更能体现大学对国际化的重视。

了解大学国际化战略项目内容的核心主要是掌握大学国际化战略的措施及战略子目标的量化情况。陈宇等(2015)通过分析,遴选出包括国际化师资队伍与管理队伍在内的 6 种高等教育国际化因素。

通过对上述 24 所大学国际化战略文本内容的整理,按照战略定义,本书对各大学战略措施进行了综合整理,将其划分为二级战略措施(目标)、三级战略措施(目标),并对相关量化情况进行了分析(见表 5.9)。

表 5.9　我国研究型大学国际化战略内容分析

二级战略措施(目标)	三级战略措施(目标)
本校学生“走出去”	双学位项目
	联合培养项目
	公派研究生项目
	交换生项目
校内国际合作平台建设	科研平台建设
	合作办学实体建设
学科建设	ESI 学科排名建设
科研国际合作	承担/发起国际科研项目
	期刊国际化(SCI/SSCI)
外国留学生培养	专业/课程国际化建设
	规模
	结构
	基地建设
海外师资引进	全职/长期国际教师
	短期国际教师
	引智基地
本校师资“走出去”	青年教师“走出去”
	实验技术人员“走出去”
	管理骨干人员“走出去”
学科国际评估认证	—

续表

二级战略措施(目标)	三级战略措施(目标)
海外拓展	海外延伸机构建设
	海外合作伙伴关系构建
	孔子学院建设
	国际组织任职
	国际品牌建设(会议/论坛/国际专业)
海外校友会建设	—
海外宣传	—
国际化建设资金	—
国际化组织结构建设/完善	—

可以看出,我国研究型大学国际化战略项目内容主要包括以下方面:

(1) 学生国际化

① 学生“走出去”:主要是指本校学生去海外学习锻炼,了解外国文化,培养国际视野。实现该目标主要采取两种策略:短期访学,即包括交换生项目、夏令营项目在内的诸多短期活动;长期项目,主要是指学位项目,即包括联合培养、双学位项目以及公派留学在内的长期学习项目。该项目的量化指标主要是年学生海外交流人数占在校学生总数的比例。

② 学生“引进来”:主要是指外国留学生培养。留学生的培养是一项系统工程,涉及教学、生活等方面。目前我国研究型大学留学生培养方面存在的突出问题主要有:第一,留学生队伍规模小。我国高等教育仍对外国留学生缺乏吸引力,硬件的不完善也导致了外国留学生招生困难。因而,扩大留学生规模是我国大部分研究型大学的一项重要任务。第二,留学生结构不合理。尽管我国外国留学生的规模呈逐年增长趋势,但是其中来华学习语言、进行短期交流的占比较高,造成了留学生结构比例的严重失衡,因此很多大学都将增加学历生比例列为推动留学生教育的重要举措。第三,专业及课程国际化建设。外国留学生来华学习的一个瓶颈就是没有相应的英语授课课程或者全英文教学的专业可供选择。目前很多大学在一些核心课程上都设置了英文课程,但是较零散、不成系统,不能满足留学生的需求,因此很多大学都将以专业为单位进行英文课程的系统化建设。第四,留学生基地建设。留学生教育基地为留学生的培养提供了较好土壤,并且能跟地方特色紧密相连,有助于地方和大学软实力的对外输出,对大学和地方国际声誉的传播起到很好的推动作用。很多大学都将留学生基地建设作为推动留学生教育的重要举措,该项目量化指标主要有留学生人数占在校生总数的比例、相应学历生占留学生

人数的比例、英语授课的课程数量、全英文教学的专业数量等。

(2) 师资国际化

① 师资"走出去":主要是指大学教师去海外进修、交流。一般而言,教师越年轻越容易接受挑战,同时对新鲜事物的好奇心也强于高龄教师,青年教师的海外进修也就容易取得实效,因而很多大学都将青年教师、青年科研人员作为优先派出者。管理人员是大学国际化战略的强有力的推动者,一个大学的管理者是否具有国际视野往往决定着该大学国际化的发展方向。所以,很多大学都积极派出管理人员赴海外学习,以此来获取国际化管理经验。该项目量化指标通常包括年教师海外交流人数占在校教师总数的比例、年青年教师海外交流人数占在校教师总数的比例、年管理人员海外交流人数、具有一年以上国际交流经验的教师人数或比例。

② 师资"引进来":海外师资的引进,即海外引智项目。国际教师的人数和水平是衡量大学国际化程度一项重要指标,《Times Higher Education》和 Quacquarelli Symonds 世界大学排名中都将其纳入了评估体系。国际教师的引进不仅能扩大大学的国际视野,同时也能在教学、科研、管理等方面带来国际化的新思路,对大学国际化发展中起主导作用。当前尽管政府、大学都采取了相关措施,并吸引了不少国际师资来华工作,但是引智工作仍面临不少困难。海外一流大学的知名教授往往很难引进过来,很多大学采取了聘请其进行短期教学的方式来弥补这一短板。该项目量化指标主要包括国际教师的人数、国际教师所占比例。

(3) 科研国际化

大学的一项重要职能就是进行科学研究。研究型大学在我国科研创新中占有重要地位。科学研究的创新离不开国际交流,国际交流是科学研究创新发展的关键驱动因素。科研是一项系统工作,除了研究人员外最重要的就是科研平台,因此,国际联合科研平台的构建是所有研究型大学国际化建设的重点之一。此外,在创新国际科研合作的手段方面,还包括参与(或者发起)国际科研项目、期刊国际化,国际合著论文等方面。该项目量化指标主要包括国际联合科研平台的数量、参与(或者发起)国际科研项目的数量、国际化期刊的数量、国际合著论文等。

(4) 学科国际化

无论是人才培养还是科学研究,最终的落脚点都是学科。但在学科层面上,由于自身特点,人文社会科学的国际化会是一个曲折、缓慢、迂回和磨合的过程(郑茹等,2017)。很多时候科研国际化的一个重要成果表现是发表的国际论文,国际论文的数量和水平往往又推动着该学科的国际化进展,但是人文社会科学的专著则往往不被纳入到统计范围。目前,很多研究型大学都已将 ESI 学科排名列入学科国际化进展的重要参考,该项目量化指标主要包括合作办学项目的数量、进入 ESI 全球前 1%的学科数量。

（5）国际化发展

大学国际化发展已从“被动式接受”阶段转入“战略主动式”阶段。很多大学在探索国际化发展方面做了很多有益的尝试，并且形成了自己的特色，其主要方式包括海外延伸机构建设、海外合作伙伴关系构建、孔子学院建设、本校师资国际组织任职等。该项目的量化指标主要有构建的海外合作伙伴关系的数量、孔子学院数量、海外机构建设数量、本校教师国际组织任职数量等。

（6）国际化保障

国际化保障是指保证或促进国际化工作有序开展的措施，主要包括学科国际评估认证、海外校友会建设、海外宣传、国际化建设资金保障、国际化组织结构建设或完善，尤其是高校行政人员的国际化能力培养。彭小建等（2015）认为高校行政管理人员的国际化能力除了外语，还应包括国际化的知识与技术、态度与意识等方面。该项目的量化指标主要有获得国际评估认证的科学数量、国际化建设资金数额等。

5.5.2　项目内容的特点

1. 独特性

尽管大学国际化战略内容总共包括学生国际化、师资国际化、科研国际化、学科国际化、国际化拓展、国际化保障六个方面，但不同大学制定的战略却各有侧重点，鲜有大学涉及全部六个方面。此外这六个战略措施的子措施也较多，各大学均可根据自身特色选择相应的子措施以实现其二级战略目标。例如同济大学注重通过扩大双学位规模来推动学生“走出去”，而西北工业大学则注重以构建合作办学项目来推动学生“走出去”。各个大学的战略目标虽然相似，但是实际采取的措施却有各自的独特性，这种独特性往往具有历史原因，且较成熟，因而各大学往往会优先选择这种路径。

2. 综合性

无论是二级措施还是三级措施，在实际工作中都很难由一个部门单独完成。例如外国留学生的培养，包括宣传、招生、培养、校园生活等几项工作，涉及宣传部门、招生部门、教务部门、后勤管理部门等。所有这些措施都是综合性的工作，需要校内各部门相互配合与协作才能顺利完成。

3. 周期性

大学国际化战略设定的目标一般都规定了完成的时间期限。一般而言，每一个分阶段的战略目标都会以前期的目标为参照，制定目标可参照滚动计划法，根据前一阶段战略实施执行及评估情况,进行调整、制定。这样就能够向着战略总目标有序推进。

4. 可量化

可量化是指战略总目标分解出的各子目标都能够用数据来描述。在实际工作中,有些目标很难被量化,如某个规章制度或工作流程的确定,只能用“有”或者“无”来回答,而如“是否具有国际化观念”之类的目标,则只能通过主观进行判断。但总体来说,应尽量保证各子目标能够被有效度量。大学国际化战略目标经过分解以后,形成了系统化的子目标群,在这个子目标群中,被量化的部分往往代表着战略发展的重点,在战略实施中将被优先发展。

在针对我国研究型大学的国际化战略目标量化情况的调查中,我们认为只要三级战略措施(目标)有一项被量化,其对应的二级战略措施(目标)就具有了可量化性。经过统计,共有 14 所大学的学生国际化具有可量化性,所占比例为 58.33%;共有 16 所大学的师资国际化具有可量化性,所占比例为 66.67%;共有 10 所大学的科研国际化具有可量化性,所占比例为 41.67%;共有 5 所大学的学科国际化具有可量化性,所占比例为 20.83%;共有 11 所大学的国际化拓展具有可量化性,所占比例为 45.83%;只有 1 所大学的国际化支撑具有可量化性,仅占 4.17%。由此我们得到了我国研究型大学国际化战略目标量化图(见图 5.16)。

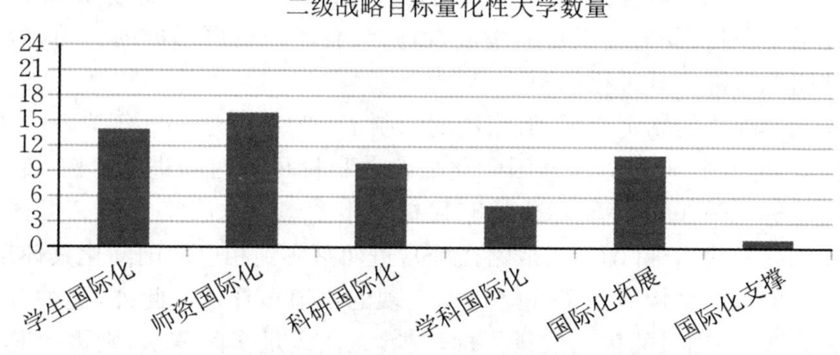

图 5.16 我国研究型大学国际化战略目标量化图

5.5.3 项目集成管理方法的应用

针对我国研究型大学国际化战略措施的独特性、综合性、周期性和量化性特征,本书认为,项目管理方法是最适合大学国际化战略项目内容的管理方法。

项目管理方法在企业管理中的应用十分成熟。戚安邦等在创新型企业中成功运用项目组合全过程集成管理方法,为该方法的拓展提供了指导(戚安邦,2010)。

此外，研究项目管理方法在大学国际化建设实践中早有应用。从各大学国际化战略项目的内容可以看出，所有大学实现学生国际化战略目标的措施主要以项目的形式呈现，分为两类：长期交流项目和短期交流项目。长期交流项目主要是指一年(含一年)以上的交流项目，诸如联合培养“2＋3”“2＋2”等学位项目，短期交流项目，主要是指一年以下的短期访问、短期交流项目。实现师资国际化战略目标的措施主要有引智项目、教师派出项目等。实现科研国际化战略目标的措施主要有国际科研项目、国际科研平台建设项目等。总体而言，我国研究型大学在实践国际化的具体工作中，都是通过各类项目来组织相关资源以实现战略目标的。一般此类项目越多，实践大学国际化战略的渠道就越多，战略目标就越容易实现。各项目由于参与者不同、操作程序不同，需要协作的相关部门也不同，这就要求大学必须对这些项目实现有效管理。同时由于各类项目数量较多，若想使项目群的运行结果达到最优，就必须提高大学国际化项目综合管理能力，建立相应的国际化组织结构，并做好子项目的集成管理事务。

1. 项目集成管理方法的适用性分析

(1) 项目集成管理方法符合研究型大学的战略导向

国际化是我国研究型大学发展的重要方向之一，大部分研究型大学都制定了各自的国际化发展战略，而项目集成管理方法正契合国际化战略导向。项目集成管理以大学国际化战略总目标为指导，对国际化战略目标进行细分，由此形成了各种国际化活动项目，并通过项目的集成管理，综合子项目群形成的合力，最终完成国际化战略总目标。其过程如图 5.17 所示。

根据大学战略的制定制度，战略规划的制定与修改一般以 5 年为一个周期，以“十二五”规划为例，研究型大学国际化战略总目标可按时间进行分解：2011 年国际化战略目标……2015 年国际化战略目标。年度国际化战略目标又可被分解为该年具体的国际化措施(即二级战略措施)，进而落实到相应的国际化具体项目，这种层层分解的系统结构保证了战略目标实现的渠道多样性。此外，这种分解过程是动态的，若一种项目的量化数量指标较少，无法满足实际需求，则可由其他项目承担多出来的量化指标。例如，某年某双学位项目规定的量化指标是 10 人，但实际“走出去”的学生是 15 人，则其他 5 人由交换生项目、短期访问项目予以承担。尽管这种分解有一定的不合理性，但这样能够保证量化目标的成功实现。如图 5.17 所示，每一层战略目标都相互衔接，实现了从战略制定到战略实施的过渡。

(2) 项目集成管理方法为国际化战略的实施提供了有效的组织保障

从 19 世纪德国的柏林大学打破中世纪大学的保守观念，再到美国霍普金斯大学将科研纳入到大学的基本职能之中，这些改革都推动了美国研究型大学的崛起，由此开启了大学国际化的新浪潮。为应对国际形势的变化，我国研究型大学以积

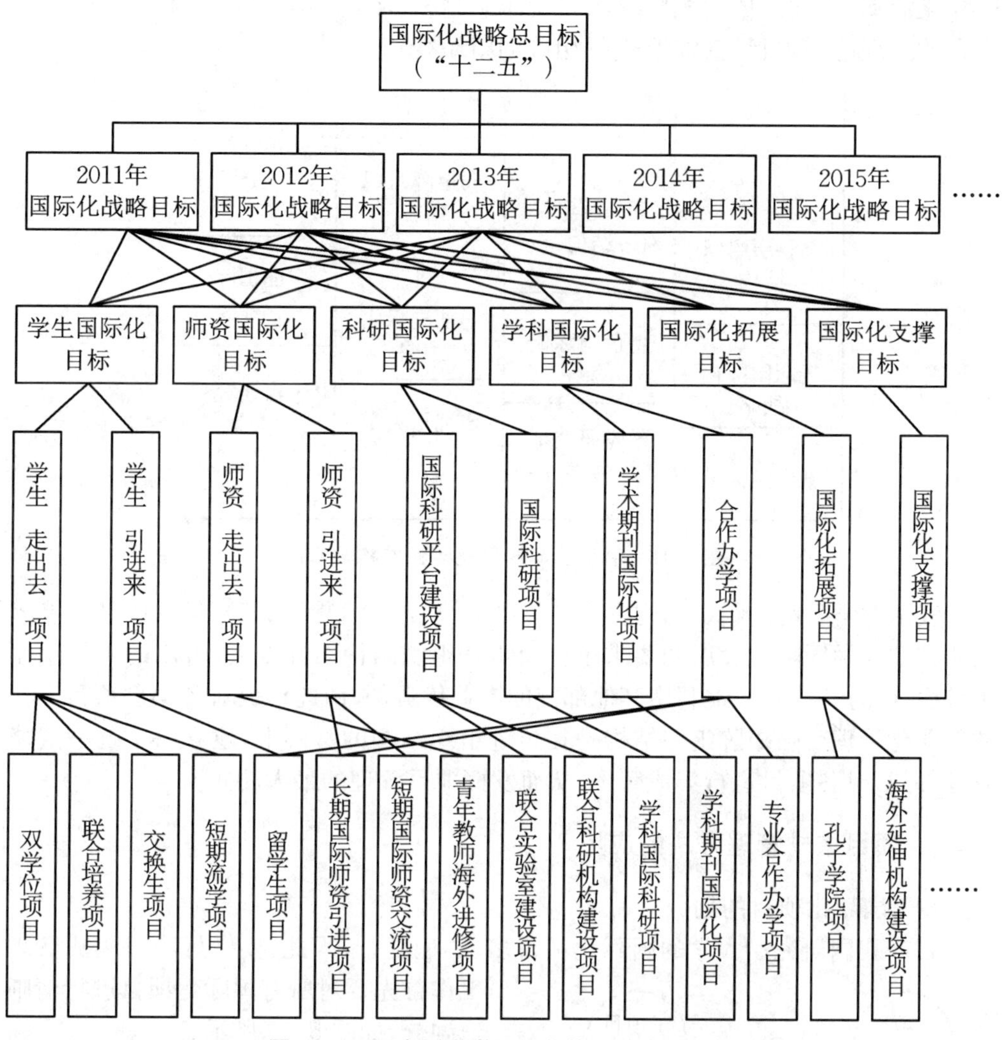

图5.17 研究型大学国际化战略动态分解图

极的姿态，采用战略规划的办法主动调整自身的国际化发展，既不盲从，也不甘落后。从国际化战略路径可以看出，我国大部分研究型大学仅适用特色国际化战略及局部国际化战略，只有极少数大学适合采用全面国际化战略。而战略的实施往往需要相应的国际化组织结构作支持，我国大学国际化组织结构变革趋势如图5.18所示。一般的教学型大学大都没有制定明确的国际化战略，国际化活动也较少，暂时不需要进行管理手段的创新。现在科研职能对大学来说越来越重要，许多教学型大学开始向研究型大学进行转变，同时科研创新越来越离不开国际化，国际化发展程度如何已经成为研究型大学间相互竞争的重要指标。随着研究型大学将国际化纳入到战略发展中来，资源投入也随之增多，并产生了更多的各类国际化活动，由此形成的国际化项目也越来越多，项目的类型也越来越复杂。为了有效管理这些项目，就需要进行相应的组织变革。

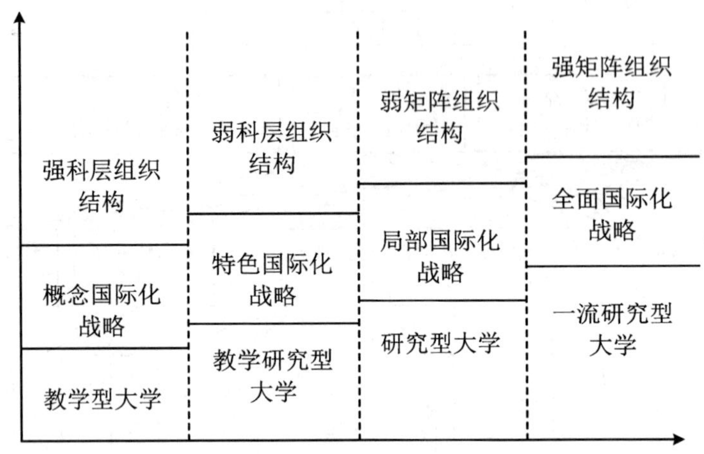

图 5.18　我国大学国际化组织结构演变图

我国大学目前的组织结构主要是科层组织结构（宣勇，2005），但这已经不能满足研究型大学国际化发展的要求了。而矩阵组织结构柔性度大，占用的人员编制也较少，同时还能有效地利用其他部门的专业优势，并由此形成对各类型项目实行的专业化管理。强矩阵组织结构是在传统组织结构的基础上，建立一个统一战略管理部门，对各项目进行集成管理，从而发挥项目管理的最大功效。

2. 项目集成管理方法的应用

（1）国际化项目的划分

目前我国研究型大学的国际化项目多、类型复杂，因此，要做好项目集成管理工作首先要对所有国际化项目进行清晰地划分，如图 5.19 所示。

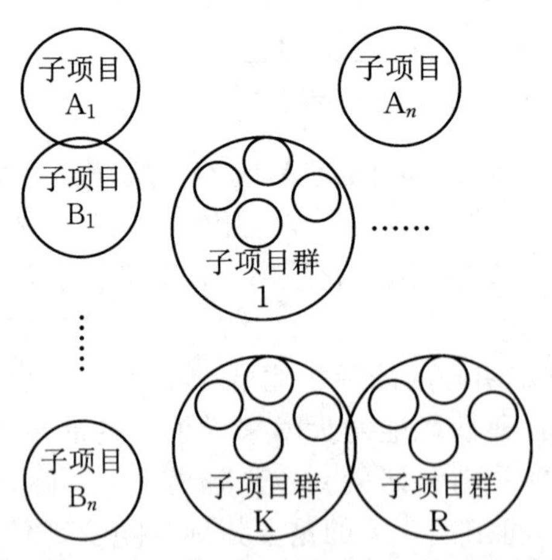

图 5.19　我国研究型大学国际化项目划分图

从图 5.19 中可以看出，我国研究型大学国际化项目主要包括三类：

① 单个国际化子项目。这类项目往往可由大学国际化组织机构单独完成。例如基于校际协议的短期学生交流项目，一般由大学的国际化部门组织完成，从通知→评审→派出整个过程来看，涉及其他部门的业务较少，因而可归结为单个国际化子项目。

② 子项目群。这类项目一般较大，

需要的资源较多，操作环节较多，且在大学内部由不同部门完成不同环节的工作。因而，从实际工做出发就需将整个项目划分为若干个子项目，这样不仅能明确各子项目的目标，便于展开工作，同时也便于资源的划拨。从实践中看，扩大留学生规模和优化留学生结构是我国研究型大学的重要国际化任务。留学生教育是一项系统工作，很多大学都设有实体机构如国际教育学院等来专门负责此项工作，从而可有效降低工作协调的复杂性。但从整个留学生教育的发展来看，尽管此项措施便于学校管理，但人为割裂了外国留学生与本校学生的有效交流，不利于留学生教育的长期发展。此外，很多大学也无大笔预算来建设这样的实体机构。留学生教育涉及宣传、招生、培养、生活等几项工作，涉及大学的招生部门、教务部门、国际化部门、后勤部门，有的还涉及研究生管理部门等。这就要做好各部门的配合衔接工作，将相关工作划分为招生项目、培养项目、生活管理项目，明确各项目的目标，对项目的进展进行跟踪，对项目中出现的问题予以记录并及时解决，对项目的完成情况进行评估，为下一年度的项目构建提供参考。

③ 交叉项目。有时在一个项目运行时，会发现该项目的运行涉及其他项目的资源，或者该项目需其他项目完成才能启动，即为交叉项目。交叉项目既可以是两个(或以上)单个国际化子项目间的交叉，也可能是两个(或以上)子项目群间的交叉。合作办学项目就属于交叉项目。在实践中，合作办学项目主要包括两类：合作办学机构，如西交利物浦大学、宁波诺丁汉大学等；合作办学项目，如北大与澳大利亚拉筹伯大学合办的卫生事业管理硕士学位教育项目等。这两类项目的主要特征都是国际化办学，其中教学主要指采用国际师资、英文教材体系实现英文授课。例如中外合作办学项目，一般要先确定双方的合作领域，然后引进教师，确定英文教学课程体系，其中外籍教师的引进项目如果不能顺利完成，该项目就无法顺利推进。对于该类项目来说，在项目论证阶段，就要同时做好关联项目的运行工作，因此，做好关联项目的管理控制工作至关重要。此外，项目之间的衔接工作要及时准确，否则会直接影响交叉项目的完成质量。

(2) 国际化项目的集成

在大学国际化年度规划中，各类项目往往需要在一年中同步推进。若要实现年度国际化目标，就需要对各个单个国际化子项目、子项目群、交叉项目进行集成，做好各类项目的分析工作，保证各项目在时间安排、人员配备、经费投入上不产生矛盾。在充分考虑各国际化项目特殊性的基础上，按项目的重要性进行排序，对能发挥示范效应的重大项目予以优先考虑。在项目实施过程中，对项目内容进行具体阐述，避免因内容模糊而产生误解，从而导致项目实施困难。此外，明确各项目的时间节点，包括启动时间与完成时间。对于交叉项目，要了解关联项目的运行情况，保证两者相互顺利衔接。做好项目宣传工作，调动校内外的各项资源，整个项目保证在生命周期内能顺利实现预期结果。国际化项目顺利运行的基础是稳定的经费支持，在项目运行过程中要保障经费充足，追求经费来源的多样化，使企业、科研机构和社会力量结合起来，共同为大学国际化的可持续发展注入活力。

5.5.4 项目实践的措施分析

1. 办学理念国际化

(1) 增强国际化办学意识

办学理念是一所大学的灵魂。正因为办学理念的不同，才形成了现在各类型大学的发展，因此研究型大学要实现国际化的战略发展首先要实现办学理念的国际化。研究型大学从领导班子到普通教职员工都要深入贯彻国际化办学的思路，要充分借鉴国际先进的教学理念，把国际化体现在科学建设、师资建设、人才培养工作的每一个环节中，要以国际的视野争取国际化的高等教育资源，同时建立起国际化的资源使用理念，并使之机制化、制度化，使国际化成为大学战略发展的主要推动力之一。没有体制机制的创新，一所大学就很难实现向世界一流大学的跨越。19 世纪德国能够成为世界的高等教育中心，其主要原因在于通过对传统观念的更新，提出了教学与科研相统一的原则，并把学术自由、大学自治等先进理念运用到实践中，创立了第一所现代意义的大学——柏林大学。柏林大学此后成为了一种理想大学的模式被世界各国所模仿。19 世纪 70 年代以后，德国模式便通过相关学者传播到了美国。1876 年，美国霍普金斯大学的创建标志着美国研究型大学的兴起。第二次世界大战以后，美国研究型大学实现快速发展，并在全球占据主要影响地位。至此，世界高等教育中心便转向了美国。据统计，从 1901 年到 2011 年这 110 年间，共诞生了 853 个诺贝尔奖，其中获奖的个人有 830 名、各类组织机构有 23 个。美国共获得 331 个诺贝尔奖，占总数的 38.8%。此外，以 2003—2013 年发表科技论文数 20 万篇以上的国家(地区)论文数及被引用情况分析，美国共创造了 3 285 336 篇论文，总数排名第一，被引次数达到 52 539 461 次，排名第一。美国公民中接受高等教育的比例也远超其他国家。美国大学尤其是研究型大学已经成为其他国家大学学习的榜样。在美国，包括社区学院在内的所有大学都注重国际化发展，大部分大学的办学宗旨都含有“全球视野”“全球公民”“国际化”等字眼。改革开放以来，我国研究型大学的发展历程显示，国际化是必然选择，是将我国研究型大学建成世界一流大学的必然途径，国际化办学理念显得尤为重要。我们同时应该认识到，观念的形成和理解是一个长期的过程，研究型大学应该在全校统一国际化思想，逐步在校园形成国际化氛围，从而推动国际化战略的落实。

办学理念贯穿于大学的一切行为活动中。形成国际化办学理念是大学开展国际化建设的前提。从历史的角度看，我国研究型大学的发展离不开国际合作交流。全球高等教育要素的自由流动，使许多国家的研究型大学获得了发展机遇，实现了后发优势的有效发挥。改革开放以来，我国研究型大学已经清楚地认识到国际化的重要性，开展了全方位、多层次、宽领域的国际合作交流活动，国际化观念已经在我国研究型大学形成。调查发现，国际化战略已经成为大学教育事业不可或缺的部分。在大学的发展目标中，均可见到如“世界一流”“国际知名”等字眼，国际化已经成为研究型大学的发展方向。

(2) 坚持以学校为中心，以学院为主体的实践形式

很多大学国际化建设不顺利的一个重要原因就是院系的参与度不高。各院系的国际化意识薄弱导致师生对国际化的理解出现了偏差，从而在实际工作中积极性不高。大学国际化活动的主要组织者是主管国际合作交流的部门。要想调动各院系的活动积极性，首先应该以学校为中心，围绕学校的战略发展目标，确定各院系的国际化任务分工，注重不同大学院系间合作渠道的开辟。其次要明确各院系国际化的自主权，形成各院系国际化竞争的良好格局，充分发挥各院系的学科优势，努力挖掘更优质的国际化资源，探索形式多样的国际合作项目，努力做到谈成一项、落实一项。同时注重各院系间国际化经验的交流，做到在学习中成长，在借鉴中创新。

2. 学生国际化

学生的国际交流活动是大学国际化的主要标志之一。研究型大学的学生国际化主要包括三个方面:本科生、研究生以及留学生的国际化。

(1) 本科生国际化

具体措施主要包括以下六个方面(我国部分研究型大学本科生国际化措施如表5.10所示)：

① 与国外一流大学签署合作协议，将本科生派到协议方学校学习，实行学分互认，大多数以学期交流为主，毕业时颁发两所大学毕业文凭。

② 本硕连读。在认可对方课程体系的基础上，在一方大学完成本科阶段的主要课程，再到另一方大学继续完成本科教育并攻读硕士学位，毕业时通常颁发一方或双方毕业文凭。

③ 与国外大学联合办学，例如创办二级学院，毕业时颁发双方文凭。

④ 国外大学在我国建立分校。根据国外大学课程体系的设置，确定分校的教学内容与计划，采用国外大学的管理模式，教师由双方互派，培养对象主要是我国学生，毕业时一般独立颁发国外大学文凭。

⑤ 远程教育模式，以课程学习为主，通常在完成相应课程后颁发对方大学的毕业文凭。

⑥ 以短期培训或交流为主的模式，重在扩展学生的国际视野，培养国际交流能力。

表 5.10　我国部分研究型大学本科生国际化措施

大学名称	措　　施
天津大学	互派交换生、联合培养及暑期学校等项目
武汉大学	语言课程教学、创设国际班、举办暑期国际英语口语培训班
东南大学	建设英文授课实验班、与国外大学签订本科生联合培养协议
复旦大学	校际间的学生交流、全英文课程
北京大学	校际交流、短期海外学习、国际暑期学校
厦门大学	与英法等国共建“全球八校联盟”合作组
南京大学	中美文化研究中心、中法城市与区域发展研究中心
山东大学	国际暑期学校
南开大学	合作办学、国际会议
上海交通大学	本科生海外游学计划
湖南大学	民族传承中凸显国际化视野
吉林大学	加强同海外大学的交流
华南理工大学	外向型国际化人才创新班
中山大学	博雅教育计划
兰州大学	萃英学院
重庆大学	中外合作培养
四川大学	国际化理念及国际化资源的融合
电子科技大学	与国外企业合作培养、去国外一流大学深造、交换生
西北工业大学	国际化课程建设
华中科技大学	采取“2＋2”“3＋1”“3＋2”等模式
中国海洋大学	联合培养、学分互认、互换交流
北京师范大学	扩展学生国际交流项目
同济大学	中外双学位项目、课程共建、短期交换
中南大学	联合企业拓展海外资源市场，积极推动产学研合作走向国际化

(2) 研究生国际化

研究型大学要保证培养的研究生能够适应未来社会的需要，培养能够参与国际竞争的研究型人才已经是各大学亟须解决的重要问题。此外，研究生教育的国际化是我国大学迈向世界一流大学的必然要求，也是促进我国大学国际化的重要手段。我国在 2015 年提出的《统筹推进世界一流大学和世界一流学科建设总体方案》中指出，需要强化研究生国际化能力，支撑“双一流”建设（刘晓黎 等，2016）。初旭新（2015）认为研究生国际化培养水平跟国际化师资力量、科研项目及科研产出的质量有密切关系，因而需要加大这几个方面的国际化投入力量。

具体措施主要有：

① 派出留学

与国外大学合作培养研究生。互派留学生到对方大学学习研究，能够拓展研究生的国际视野、开拓创新思维，并与国外对接。

② 公派留学项目

国家建设高水平大学公派研究生项目。根据各校与国家留学基金委签署的协议书，每年将资助各校若干名在国外大学攻读博士学位的研究生和校际联合培养的博士研究生。到2013年，签约高校已基本覆盖所有“211”工程院校和“985”院校。经过国家有关部门的批准，国家留学基金管理委员会于2011年底新增了74所“特色重点学科项目”建设高校，“特色重点学科项目”建设高校可以申报“国家建设高水平大学公派研究生项目”。

国家公派硕士研究生项目，包括攻读硕士学位及联合培养两种类型，且范围已扩展到行政机关、高等职业院校等。随着专业硕士的出现，这一项目的资助范围将会进一步扩大。此外，还包括西部特别项目、专门人才项目等。

③ 因研究需求参加国际学术会议研究生及导师与国外的合作交流往往较为频繁，而一定时间内导师很难参与所有的国际合作事务。此外，为了研究生能更快地学习国际上先进的方法和理念，派遣研究生参加一些国际学术会议是一种很有效的手段。

④ 科研项目的国际交流

跨地区的科研项目需要双方不断地交流，以此来达到双方科研进展的有效对接。此外，一些科研项目往往需要借助国外科研设备或需要与同行进行合作，才能有所突破。

学生国际能力评价是推动学生国际化的基础条件。从刘扬等（2015）学者的调查结果来看，“态度”得分最高，“技能”得分最低，并且个人特征、家庭背景以及国际活动的参与度都对国际能力有显著影响。因此，在推动学生国际化时，要以人为本，了解学生个人及家庭信息，对学生进行个性化培训，提高其国际能力。

（2）留学生教育

国际学生的数量及比例已经成为衡量一所大学国际化水平的重要标志。但是由于历史原因，我国留学生教育起步较晚。留学生教育的发展既要适应WTO对教育服务国际化的需求，又要符合政治、文化的发展目标。近年来我国研究型大学高度重视留学生教育，扩大留学生规模、优化留学生结构成为我国研究型大学留学生教育工作的主要方向。

具体措施包括：

① 建立留学生教育评估系统

世界一流大学留学生教育的发展历程告诉我们，优质的高等教育是吸引外国留学生的主要因素。留学生教育质量是留学生教育事业取得成功的重要保证，并且直接关系到学校的国际声誉。尽管我国留学生教育事业取得了重大发展，但是在留学生的教育与服务方面仍存在诸多问题，如课程设置不能满足其需要、管理服务缺位等。因此建立一套留学生教育评估系统十分必要。

② 完善留学生来华留学环境

留学生教育是一项系统工程。与国外大学相比，我们在留学签证、勤工助学等方面措施仍有待完善。此外，尽管政府性质的奖学金在逐年增加，但跟整个留学生群体相比，受资助学生的比例仍然较小。因此就需要研究型大学拓宽留学生奖学金渠道，引入企业、社会团体等民间资金，使留学生资助来源多样化。

③ 加大宣传力度，拓展宣传手段

面对留学生市场竞争，我国研究型大学应该仿效西方发达国家大学，如设立海外留学咨询机构、定期举办留学教育展、组织相关人员到国外大学进行招生宣传。此外还可以通过报纸、广播、电视等传统媒体以及网络等新媒体进行教育教学的成果展示，尤其是要在优势学科上加大宣传力度，吸引国外生源(顾丽娜，2007)。

(3) 师资国际化

师资力量是大学国际化的关键。师资的国际化是推动教学国际化、科研国际化的中坚力量，世界一流大学都把师资国际化作为其国际化的重要标志。因此，通过师资的国际化可以有效地促进课程及科研国际化的发展。师资的国际交流也有助于推动师资国际化的发展，其主要表现为教师之间在世界范围内的学术知识、科研课题、项目开发等方面超越国界、超越学科的交互联系。

目前的主要措施有：

① 构建适宜的国际化人才引进机制

国际化师资是大学国际化的重要组成元素。在一定时期内，国际化师资是有限的，也是各国大学争取的对象。国际化师资从引进到融合，既是知识技能的再创造过程，也是人才的成长过程。因此，研究型大学要把国际化师资引进过程与大学发展过程结合起来，对其进行规划设计，制定短期与长期目标，注重与学校整体发展战略相适应。在建设方式上，应注意重点学科、前沿领域的师资建设，做到结构合理、方向互补，使大学真正成为国际化师资发挥作用的平台。

② 做到“送出去”与“引进来”的有效结合

各校都在积极引进海外优秀人才。据海外高层次人才引进工作专项办公室统计，截至 2012 年 7 月 25 日，“千人计划”已引进各领域高端人才 2 263 名，共有五批“青年千人计划”入选，第一批到第五批的入选人数分别为 152、221、178、185、398，共计1134人。国际化人才来华服务与工作呈现良好发展势头。此外,“引进来”还包括通过学校层面的配套计划或政策聘请国外教师来华短期或长期担任教学科研工作。“送出去”的对象是本国教师,他们可以通过参加国际学术会议、参观考察等短期方式获得国际交流经验,也可以通过合作研究、访问等长期方式进行国际化再深造。从学科的角度来看,理工学科国际化动机更加明显,意愿也更强烈。而像哲学等社会科学的教师,更多的科研国际化意愿则在于科研信仰与社群影响方面(廉同辉 等,2017)。引进与派出是国际化的两条并行的有效措施,缺一不可。如果仅仅采取人才引进措施,势必导致资源投入过度集中,国内人员的不平衡心理因素就会加重,国际化势必受阻。如果仅仅推进人员派出,则很难满足深度国际化的要求,也很难达到一流大学国际化水平。

③ 创新国际化师资培育机制

国际化师资的建设是一个长期过程。“引进来”的国际化教师,对学校的环境有一个适应过程。研究型大学需要创造有利于国际化师资成长的体制、制度环境,坚持以人才为中心,建立富有弹性的考核机制,充分发挥国际化人才的创造性。

(4) 课程国际化

所谓的课程国际化就是指在高等教育国际化的背景下,通过比较分析和鉴别,将其他国家的相关知识和经验融入到本校课程设置方面(胡建华,2007)。本科高校课程国际化的创新路径应该强化过程控制,整合资源,优化考评,进一步提高本科生课程国际化水平(单胜江 等,2017)。

目前可采用的措施主要有:

① 英语或者双语教学。包括选用英语原版教材,讲义及课堂板书均使用英文,考试采用试卷及学生答题均采用英文以及规定学生作业使用英文完成等。

② 创办联合课程。如南京大学的中美文化研究中心的课程由中美双方教师用各自语言授课(毕晓玉,2004a);华中科技大学的工业工程学科,则是结合了德国亚深技术大学工业工程教学模式,进行德语授课(毕晓玉,2004b)。

③ 采用英文教材,开设国际通识课程。通识教育课程体系由专业课、自由选修课和通识课程三部分构成(王运来,2000)。通识课程承担着培养多学科知识背景及多视角思维模式的任务,因而对于国际化人才的培养至关重要,需要从理念、内容、方式平台等六个方面对课程体系进行重构(张海鹏,2016)。

(5) 科研国际化

结合张婷姣(2003)对科研国际化的思考,本书认为科研国际化的主要途径主要有以下五条:

① 科研信息的国际化。任何领域的科学研究都需要了解目前的发展现状,因此,全面多渠道地收集相关领域的世界前沿信息十分有必要。此外,由于科研知识及信息都具有时效性,而收集到的信息量往往较大,因此只有及时处理相关信息,

使之能够有效呈现，这些信息才能为科研国际化所用。

② 科研人员的国际化。主要有两种手段，一般采用“引进来”与“送出去”相结合的模式。“引进来”往往见效快，能够带来新信息，但投入资源较多，而且对于整体科研能力的提升作用有限。从长期来看，“送出去”是主要选择，该方式能够很好地实现国际化与本土化的结合。

③ 研究过程的国际化。对于全球性、区域性的重大国际科研项目，大学应该从政策上鼓励各类科研人员的参与，同时采用激励措施，为更多的科研人员参与国际项目的研究提供支持。鼓励更多科研人员参与国际学术组织，使大学在相关学术领域拥有国际话语权。同时积极吸引更多高水平的国外科研人员参与我国项目。积极探索各类科研国际合作形式，为来华的科研人员提供更多选择。此外，还可以通过建设联合实验室、联合研究中心等实体机构，为更多的中外科研人员提供合作机会。

④ 研究水平的国际化。建立良好的科研成果评估机制，激励更多原创性的国际化成果出现。此外，探索更多国际化资源渠道，通过整合各类国际化资源，建立若干个具有差异化优势的国际化团队。

⑤ 科研管理的国际化。通过建立合理的科研考核机制，充分发挥科研人员的自主能力。

这五条途径是大学教师获取资源、达到科研目标的有力支撑。但是科研国际化是一个过程，尽管有不同的路径可以选择，但是都将在过程中受到主观态度与环境变化的双重影响(王仙雅，2017)。如何坚持科研国际化方向，激发科研国际化动力，以及不断优化科研国际化环境将是科研国际化成功的先决条件。

战略评估就是通过分析影响战略实施过程及效果的各种要素，判断战略实施是否达到预期目标的动态过程。战略评估从本质上来说一种控制方法，即通过将战略绩效与预期目标进行对比，判断对战略应做出何种改变。从战略评估的过程可以看出，战略评估一般包括确定评估原则、确定评估指标体系、确定评估方法三个相互连接的过程。其中，确定评估指标体系是核心，确定评估原则是基础，而选择评估方法构建评估模式是最终目标。战略实施的效果评估是在战略实施了一段时间以后，对战略实施的结果进行评估。一般以一年、三年或五年为不同阶段，进行效果评估。

第 6 章　研究型大学国际化评价研究——以国际论文为例

高等教育国际化评价是衡量一个国家或地区高等教育国际化发展水平的重要依据。近年来，学者们借鉴企业国际化的评价方法和模型为高等教育国际化发展构建了可量化的评价模型。高鹏(2015)认为教育理念与目标、学生与教师、课程内容、交流与合作是衡量高等教育国际化水平的四项核心指标。赵立莹(2015)则通过分析明尼苏达大学，构建了大学国际化绩效标准评价的理想模型。其中“科研交流与学术合作”作为高校国际化评价指标被广泛采用(但妮，2014)。国际科研交流与学术合作是实现高等教育国际化发展的重要举措，也是世界一体化、科技全球化的必然要求。科技部制定的《国家“十二五”科学和技术发展规划》中明确指出要加强国际科学合作，大幅提高科研活动国际化水平。

国际合著论文是指由两个或两个以上国家和地区的科学人员共同完成的论文(郭永正 等，2009)。此外，高校科研人员的国际科研合作能力也是高校国际化水平的重要衡量指标，科研人员国际科研合作的绩效评价指标之一就是发表的国际合著论文。因此，国际合著论文指标被广泛应用于高校国际化水平测度和科研人员的绩效评价中。现有研究大都通过考察某一段时间内国际合著论文的总体情况来反映国家的科研活动国际化合作情况(刘云 等，1997；岳洪江 等，2004；朱文沓等，2008；刘娅，2010；赵勇 等，2013)，针对单篇国际合著论文的国际化水平研究尚未出现。然而，高校国际化水平测度和科研人员的绩效评价，不仅要考虑国际合著论文的数目还应着重考虑单篇国际合著论文的国际影响力。

单篇论文的评价方法主要有定性分析和定量评价。定性分析主要为同行评议，定量评价有多种比较成熟的方法，主要包括论文发表期刊的影响因子和论文发表后的被引频次这两个计量学指标。由于期刊影响因子的大小并不能反映该期刊刊载的所有论文的学术水平，论文发表后的被引频次有时存在“虚高”现象，且期刊影响因子和论文被引频次都受学科影响较大，因此这两个指标在论文评价中存在一定争议。目前改进的论文评价研究主要有建立消除学科差异的评价方法(金碧

辉 等,1999;金晶 等,2010;钟文一 等,2011)和构建全面的评价指标体系(龙莎 等,2007;彭云 等,2009;林德明 等,2012)两方面。但改进后的评价方法没有形成统一评价模型,且尚未有学者从国际影响力角度评价国际合著论文的国际化水平。

本书拟通过引入生命周期理论,将国际合著论文的国际化水平定义为论文在“生产—发表—利用”三个不同生命阶段中对科学领域产生的国际影响程度,通过探讨国际合著论文在三个生命阶段中的国际化水平测度,用 TOPSIS 法建立国际合著论文国际化水平综合评价的数学模型。本书给出了一种衡量国际合著论文国际化水平的方法,从而为高校国际化水平测度和科研人员的绩效评价提供科学可靠的依据,并推动科研政策创新。

6.1 国际合著论文生命周期模型

生命周期是指生物体从出生、成长、成熟、衰退到死亡的全部过程。一篇成功发表在国际学术期刊上的国际合著论文具有完整的生命周期,包括生产过程、发表过程和利用过程,如图 6.1 所示。

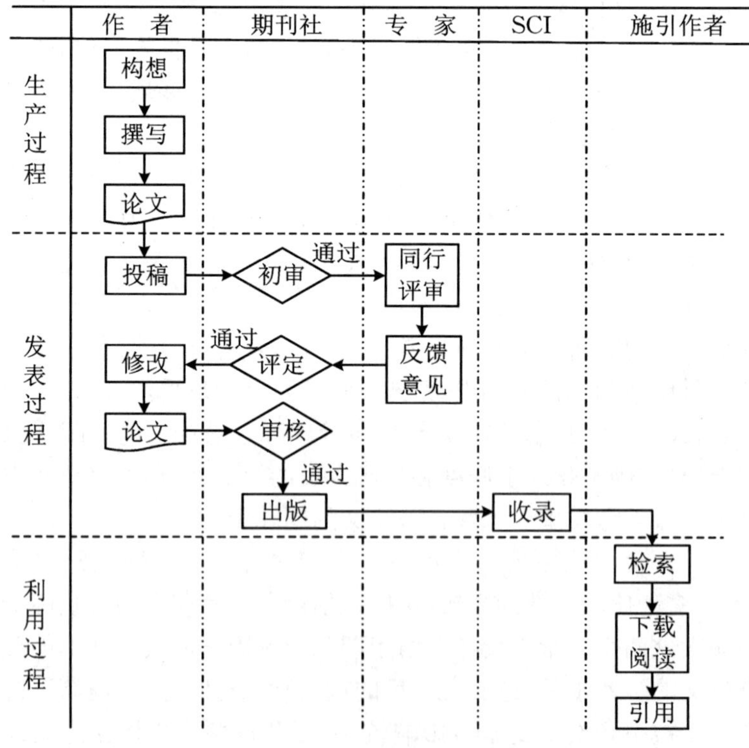

图 6.1 国际合著论文生命周期

国际合著论文的生产过程指的是论文从最初的构思创作到最终定稿成文的过程。在这一阶段,来自不同国家的多个作者协作完成搜集资料、寻求研究点、确定论文主题、撰写初稿、反复修改直至论文定稿等活动,最终完成论文的创作。论文的创作凝聚了作者大量的脑力劳动和心血。对多作者合著的论文来说,论文作者的排序反映了作者对论文贡献程度的差异。

国际合著论文的发表过程是期刊收到论文投稿后到最终确定录用并刊登论文的过程。和国内期刊主要采取的"三审制"不同,一般来说,国际期刊的审稿需要经历编辑初审和同行外审两个阶段,具体过程比较繁琐复杂。期刊编辑部在收到稿件后,首先会让编辑进行简单地预览和初审,初审应将存在明显概念性错误、数据紊乱、格式错误等的论文剔除,将基本合格的论文送入外审阶段。期刊编辑将通过初审的论文匿名送给外部评审专家,部分期刊也允许作者自行推荐同行专家,但编辑不会将论文全都送至作者推荐的专家手里。同行外审通常较为严苛,专家完成对论文的审阅后将推荐发表意见和修改意见反馈给期刊编辑,期刊编辑综合所有专家的意见后做出退稿、定稿或寄还修改等不同的处理决定。对需要修改的论文,编辑会将专家修改意见匿名反馈给论文作者,作者寄回修改稿后,论文将再次被送审,最后根据专家意见确定是否录用。成功通过编辑初审和同行外审的论文将被发表在期刊上。

国际合著论文的利用过程是指论文在发表后被其他学者检索、下载、阅读、引用直至施引论文发表的过程。期刊的出版形式有纸质版本和电子版本两种。电子期刊被文献检索系统收录后,能非常方便被其他检索利用,因此成为现今的主流出版形式。

6.2 构建国际合著论文国际化水平评价体系

6.2.1 生产过程国际化水平评价指标

国际合著论文生产过程的国际化水平主要表现在论文作者数量的多少和作者的多元化程度。

论文作者直接参与论文的构思、撰写、修改和投稿。论文作为作者和其所在机构的科研成果,将对论文作者及所在机构乃至国家的科研领域产生重要影响。论文作者数量会影响论文的影响力。国际合著论文必须是两个或两个以上国家的科研人员共同完成的论文,单个国家的科研人员创作的论文不属于国际合著论文,因为其只在国内科研人员间产生知识流动和科研影响,所以不能单凭作者数量判断论文创作生产阶段的国际化水平。国际合著论文是国际科研合作的成果,作者的多元化程度是指论文作者所属国家的个数，作者的多元化程度高说明论文凝聚和融合了不同国家科学工作者的智慧。国际合著论文主要在论文作者所属国家引发关注和产生影响，多国家合作的国际合作论文比单一国家的多作者论文的国际化水平高。因此，考虑国际合著论文生产过程的国际化水平要综合考虑作者数量和多元化程度两个指标。

在多作者论文中，作者数量虽然很多，但并非所有作者参与论文创作的程度都一致。在一篇论文中，作者排名受作者的贡献率影响，贡献率高的作者对论文影响大，所以在衡量论文作者多元化程度时应考虑作者贡献率。排名靠前的作者所属国家个数比排名靠后的作者所属国家个数更能反映论文作者的多元化程度。

引入 L. Egghe 给出的作者贡献率 A_i，得到论文作者的多元化程度的计算公式为

$$\sum_{i=1}^{N} A_i \cdot d_i \quad (i = 1,2,\cdots,N)$$

$$A_i = \frac{2}{N}\left(1 - \frac{i}{N+1}\right) \quad (i = 1,2,\cdots,N)$$

式中，N 为论文著者总数，A_i 为第 i 位作者（即排名为 i 的作者）对论文的贡献率，d_i 为增加第 i 位作者时论文作者所属国家总数增量，$A_i \cdot d_i$ 是第 i 位作者对论文作者多元化程度的贡献率，$\sum_{i=1}^{N} A_i \cdot d_i$ 是将每位作者的贡献率加和得到的论文作者多元化程度。综合考虑论文作者数量 N，得到论文生产过程国际化水平 X^1。

$$X^1 = N \cdot \sum_{i=1}^{N} A_i \cdot d_i \quad (i = 1,2,\cdots,N)$$

如果一篇论文的作者共有 5 人，分别来自中国、美国、中国、日本和中国，这篇国际合著论文的生产过程国际化水平 X^1 的算例如表 6.1 所示。

表 6.1　国际合著论文生产过程国际化水平 X^1 算例

作者名次 i	1	2	3	4	5
国　家	中	美	中	日	中
A_i	$\frac{10}{30}$	$\frac{8}{30}$	$\frac{6}{30}$	$\frac{4}{30}$	$\frac{2}{30}$
d_i	1	1	0	1	0
$A_i \cdot d_i$	$\frac{10}{30}$	$\frac{8}{30}$	0	$\frac{4}{30}$	0
$\sum_{i=1}^{N} A_i \cdot d_i$	$\frac{10}{30}$	$\frac{18}{30}$	$\frac{18}{30}$	$\frac{22}{30}$	$\frac{22}{30}$
X^1	$X^1 = N \cdot \sum_{i=1}^{N} A_i \cdot d_i = 5 \times \frac{22}{30} = \frac{11}{3}$				

6.2.2 发表过程国际化水平评价指标

评估国际合著论文发表过程的国际化水平主要应考虑论文发表期刊的平均期刊影响因子百分位数指标,论文被文献检索系统收录使得论文可以在更大的平台上被检索利用。SCI(科学引文索引,Science Citation Index)和SSCI(社会科学引文索引,Social Sciences Citation Index)是汤森路透集团的ISI(美国科学情报研究所,Institute for Scientific Information)创办的两个世界著名的期刊文献检索数据库。SCI和SSCI收录了国际上大多较有影响的刊物,也是国际公认的科学统计与科学评价的主要检索数据库。论文被SCI和SSCI收录是论文产生国际化影响力的前提。ISI每年出版的期刊引用报告(Journal Citation Reports,JCR)对SCI和SSCI收录期刊的引用和被引用数据进行统计、运算,并对每种期刊进行JIF计算(期刊影响因子,Journal Impact Factor)。JIF是指期刊前两年发表的文献在统计当年的平均被引用次数,JIF越高说明刊物的影响力越大。JIF高的期刊的审稿制度往往较为严苛,论文能在JIF高的期刊发表,表明论文得到期刊编辑和同行专家的肯定,达到了该期刊的质量水平要求。因此,JIF可以用于衡量被SCI、SSCI收录的国际合著论文的发表过程的国际化水平。由于存在学科的差异性,常用期刊相对影响因子JIF/M(JIF)指标主要用于消除学科差异性,其中,M(JIF)为学科影响因子中位数。对所属多个学科研究领域的期刊,期刊有所属不同研究领域的多个M(JIF)值,用JIF/M(JIF)衡量论文所在期刊的水平较为复杂。期刊引用报告给出的平均期刊影响因子百分位数(Average JIF Percentile)能消除学科差异性,评价所属多个学科研究领域的期刊的影响力水平,是JIF的另一个衍生指标。论文发表过程国际化水平X^2可以用平均期刊影响因子百分位数指标来衡量。

$$X^2 = \text{Average JIF Percentile} = \frac{\sum_{j=1}^{M} \text{JIF Percentile}_j}{M} \quad (j = 1, 2, \cdots, M)$$

其中,期刊影响因子百分位数(The JIF Percentile)是JIF在该期刊所属学科研究领域的所有期刊JIF中的百分位数,可实现不同学科领域的期刊的对比。

6.2.3 利用过程国际化水平评价指标

国际合著论文利用过程的国际化水平可以用其施引论文的国际化水平来衡量。JIF是由期刊前两年发表的论文在统计当年的被引用总次数除以该期刊在前两年内发表的论文总数计算得到的。JIF具有动态性和滞后性,不能反映统计当年在期刊上发表的论文被引水平。同一期刊上发表的论文质量是存在一定差异的,一些论文在某期刊发表后,被引频次未到达该期刊JIF标准,则将拉低该期刊的JIF水平。因此单用JIF来评价论文影响力是不完备的,还需考虑论文在被利用阶段自身的学术影响力指标。1977 年，Virgo JA 验证了被引频次与科技论文重要性的正相关假设。论文被引频次表明了该论文被阅读、使用的次数和受研究者重视的程度，可以充分反映该论文的学术影响力。如果论文被引用后能够促使更优秀的成果产生，那么它的影响力和学术贡献就不言而喻了。论文通过其施引论文产生影响，论文的施引论文又通过其施引论文进一步产生影响，如此层层推进。论文在利用阶段的国际化水平 X^3 可以通过各个层级的施引论文的国际化水平来衡量。综上所述，国际合著论文国际化水平的测度指标体系如表 6.2 所示。

表 6.2　国际合著论文国际化水平测度指标体系

论文国际化水平	生产过程国际化水平 X^1	$N \cdot \sum_{i=1}^{N} A_i \cdot d_i (i=1,2,\cdots,N)$
	发表过程国际化水平 X^2	Average JIF Percentile
	利用过程国际化水平 X^3	施引论文的国际化水平

6.3　基于 TOPSIS 法建立国际合著论文的国际化水平测度模型

6.3.1　采用 TOPSIS 法建立评价模型的原因

国际合著论文的国际化水平应根据其不同生命阶段的国际化水平指标来衡量。由于论文每个生命阶段国际化水平的指标属性是不同质的，存在量纲和数量级的差异。因此，在综合评价中常用的线性加权平均法显然是不适用的。

TOPSIS 法(Technique for Order Preference by Similarity to Ideal Solution)又称为“逼近理想解的排序方法”，是一种有效的多属性决策方法。TOPSIS 法通过构造多属性问题的理想解和负理想解，并以靠近理想解和远离负理想解两个基准作为评价各个参评对象的判据。因此，TOPSIS 法又称“双基点法”。TOPSIS 法对数据分布及样本量、指标多少无严格限制，并且能处理多指标属性在量纲和数量级上的差异，因此，用 TOPSIS 法综合评价论文的国际化水平是适合可行的。

6.3.2　论文国际化水平的 TOPSIS 评价模型

设有 L 篇国际合著论文的生产过程国际化水平为 $x_k^1(k=1,2,\cdots,L)$，发表过程国际化水平为 $x_k^2(k=1,2,\cdots,L)$，利用过程国际化水平为 $x_k^3(k=1,2,\cdots,L)$，则评价矩阵为 $X=(x_k^1,x_k^2,x_k^3)_{L\times 3}$，使用 TOPSIS 法评价论文国际化水平的操作方法为：

(1) 用向量归一法对评价矩阵 $X=(x_k^1,x_k^2,x_k^3)_{L\times 3}$ 作标准化处理,得到标准化矩阵 $Y=(y_k^1,y_k^2,y_k^3)_{L\times 3}$,其中

$$y_k^1=\frac{x_k^1}{\sqrt{\sum_{k=1}^{L}(x_k^1)^2}}\quad(1\leqslant k\leqslant L)$$

$$y_k^2=\frac{x_i^2}{\sqrt{\sum_{k=1}^{L}(x_k^2)^2}}\quad(1\leqslant k\leqslant L)$$

$$y_k^3=\frac{x_i^3}{\sqrt{\sum_{k=1}^{L}(x_k^3)^2}}\quad(1\leqslant k\leqslant L)$$

矩阵 Y 的列向量的模等于 1,即 $\sum_{k=1}^{L}(y_k^1)^2=1,\sum_{k=1}^{L}(y_k^2)^2=1,\sum_{k=1}^{L}(y_k^3)^2=1$。经过向量归一化处理后,其指标值满足 $0\leqslant y_k^1\leqslant 1,0\leqslant y_k^2\leqslant 1,0\leqslant y_k^3\leqslant 1$,并且正、逆向指标的方向没有发生变化。

(2) 指标权重向量为 $W=(w_1,w_2,w_3)^{\mathrm{T}}$,计算加权标准化矩阵 V。

$$V=(v_k^1,v_k^2,v_l^3)_{L\times 3}=(w_1y_k^1,w_2y_k^2,w_3y_k^3)_{L\times 3}$$

(3) 确定理想解和负理想解。由于 $V=(v_i^1,v_i^2,v_i^3)_{L\times 3}$ 都为正向指标,则

理想解 $V^*=\{\max\limits_{1\leqslant k\leqslant L}v_k^1,\max\limits_{1\leqslant k\leqslant L}v_k^2,\max\limits_{1\leqslant k\leqslant L}v_k^3\}=\{v^{1*},v^{2*},v^{3*}\}$

负理想解 $V^-=\{\min\limits_{1\leqslant k\leqslant L}v_k^1,\min\limits_{1\leqslant k\leqslant L}v_k^2,\min\limits_{1\leqslant k\leqslant L}v_k^3\}=\{v^{1-},v^{2-},v^{3-}\}$

(4) 计算到理想解的距离 S_k^* 和到负理想解的距离 S_k^-。

$$S_k^*=\sqrt{(v_k^1-v^{1*})^2+(v_k^2-v^{2*})^2+(v_k^3-v^{3*})^2}\quad(k=1,2,\cdots,L)$$

$$S_k^-=\sqrt{(v_k^1-v^{1-})^2+(v_k^2-v^{2-})^2+(v_k^3-v^{3-})^2}\quad(k=1,2,\cdots,L)$$

(5) 计算各评价对象的与最理想值的相对接近程度。

$$C_k^*=\frac{S_k^-}{S_k^-+S_k^*}\quad(k=1,2,\cdots,L)$$

(6) 按相对接近程度的大小,对评价对象排序。相对接近程度大者为优,相对接近程度小者为劣。

6.3.3 论文国际化水平的嵌套 TOPSIS 评价模型

令 P_k 为第 k 篇参评论文,$P_{k-l_1-l_2-l_3-\cdots-l_t}$ 表示 P_k 的施引论文,t 为该施引论文所在的施引层级,l_t 表示该施引论文是参评论文的第 t 层施引论文中的第 l_t 篇文章。其中 $k=1,2,\cdots,L;t=1,2,\cdots,m_k;l_t=1,2,\cdots,n_k^t$,即不同的参评论文有不同的施引论文层级。参评论文的各层施引论文有不同的施引论文数量。

$x^1_{k-l_1-l_2-l_3-\cdots-l_t}$，$x^2_{k-l_1-l_2-l_3-\cdots-l_t}$，$x^3_{k-l_1-l_2-l_3-\cdots-l_t}$ 为施引论文 $P_{k-l_1-l_2-l_3-\cdots-l_t}$ 分别在 X^1，X^2，X^3 指标上的取值。

用嵌套 TOPSIS 法评价论文的国际化水平的计算步骤如下：

(1) 找出参评论文中施引层级最高的层级 Q。

$$Q = \max_{1\leqslant k\leqslant L} m_k \quad (k = 1,2,\cdots,L)$$

(2) 用 TOPSIS 法计算第 Q 层施引论文 $P_{k-l_1-l_2-l_3-\cdots-l_Q}$ 的国际化程度 $C^*_{k-l_1-l_2-l_3-\cdots-l_Q}$。$C^*_{k-l_1-l_2-l_3-\cdots-l_Q}$ 由 $x^1_{k-l_1-l_2-l_3-\cdots-l_Q}$，$x^2_{k-l_1-l_2-l_3-\cdots-l_Q}$ 和 $x^3_{k-l_1-l_2-l_3-\cdots-l_Q}$ 计算得到。由于第 Q 层施引论文没有被引用，因此 $x^3_{k-l_1-l_2-l_3-\cdots-l_Q} = 0$。

(3) 用 TOPSIS 法计算第 $Q-1$ 层施引论文的国际化程度 $C^*_{k-l_1-l_2-l_3-\cdots-l_{Q-1}}$。$C^*_{k-l_1-l_2-l_3-\cdots-l_{Q-1}}$ 由 $x^1_{k-l_1-l_2-l_3-\cdots-l_{Q-1}}$，$x^2_{k-l_1-l_2-l_3-\cdots-l_{Q-1}}$ 和 $x^3_{k-l_1-l_2-l_3-\cdots-l_{Q-1}}$ 计算得到，其中 $x^3_{k-l_1-l_2-l_3-\cdots-l_{Q-1}} = \sum_{l_Q=1}^{n_k^Q} C^*_{k-l_1-l_2-l_3-\cdots-l_Q}$。当施引论文 $P_{k-l_1-l_2-l_3-\cdots-l_{Q-1}}$ 没有被引用时，$x^3_{k-l_1-l_2-l_3-\cdots-l_{Q-1}}$ 值取为 0。

(4) 用 TOPSIS 法计算第 $t(t = Q-2,\cdots,3,2,1)$ 层施引论文的国际化程度 $C^*_{k-l_1-l_2-l_3-\cdots-l_t}$。$C^*_{k-l_1-l_2-l_3-\cdots-l_t}$ 由 $x^1_{k-l_1-l_2-l_3-\cdots-l_t}$，$x^2_{k-l_1-l_2-l_3-\cdots-l_t}$ 和 $x^3_{k-l_1-l_2-l_3-\cdots-l_t}$ 计算得到，其中 $x^3_{k-l_1-l_2-l_3-\cdots-l_t} = \sum_{t=1}^{n_k^t} C^*_{k-l_1-l_2-l_3-\cdots-l_{t+1}}$。当施引论文 $P_{k-l_1-l_2-l_3-\cdots-l_t}$ 没有被引用时，$x^3_{k-l_1-l_2-l_3-\cdots-l_{t+1}}$ 值取为 0。

(5) 用 TOPSIS 法计算参评论文 P_k 的国际化程度 C^*_k $(k = 1,2,\cdots,L)$。C^*_k 由 x^1_k，x^2_k 和 x^3_k 计算得到，其中 $x^3_k = \sum_{t=1}^{n_k^1} C^*_{k-l_1}$。当参评论文 P_k 没有被引用时，$x^3_{k-l_1}$ 值取为 0。

6.4 国际合著论文的国际化水平测度实例

选取中国科学技术信息研究所发布的《2014 中国科技论文统计结果》中三篇被引次数相近的国际论文作为测评对象。在《2014 中国科技论文统计结果》的统计时间段内，Liu Zhengyu 的《Chinese cave records and the East Asia Summer Monsoon》，Shen Yujia 的《Bell-polynomial approach applied to the seventh-order Sawada-Kotera-Ito equation》，Xiong Rui 的《A data-driven multi-scale extended Kalman filtering based parameter and state estimation approach of lithiumion polymer battery in electric vehicles》。三篇论文的被引频次分别为 26、28 和 30，将这三篇论文选为评价对象，并按顺序将其编号为 P_1，P_2，P_3。截至 2016 年 3 月 10

日，三篇论文的被引频次分别为44，33，49。在Web of Science检索参评论文后，用网络爬虫技术获得参评论文的作者数量和作者所属单位和国籍、论文发表期刊的平均期刊影响因子百分位数和参评论文的施引论文。P_1 有7个施引论文层级，各层级施引论文共331篇。P_2 有8个施引论文层级，各层级施引论文共2 594篇。P_3 有10个施引论文层级，各层级施引论文共3 225篇。P_1，P_2 和 P_3 的作者数量、发表期刊指标和施引论文指标如表6.3所示。

表6.3　参评论文的发表期刊指标和施引论文指标

论文	作者数量	被引次数	施引论文层级	施引论文总数	JIF	Average JIF Percentile
P_1	14	44	7	331	4.572	94.053
P_2	5	33	8	2 594	1.551	86.576
P_3	4	49	10	3 225	5.613	93.188

视 X^1，X^2，X^3 指标同等重要，权重向量为 $W=(1/3,1/3,1/3)^T$。用R语言计算三篇论文的国际化水平指标 X^1，X^2，X^3 和 C_k^*，计算结果如表6.4所示。

表6.4　参评国际合著论文 X^1，X^2，X^3 和 C^*

论文序号	x_k^1	x_k^2	x_k^3	C_k^*
P_1	3.733	94.053	9.369	0.932
P_2	1.667	86.576	4.744	0
P_3	3.200	93.188	9.911	0.805

从表6.3可以看到，如果用JIF衡量 X^2，P_1，P_2 和 P_3 的 X^2 指标得分差距很大，用Average JIF Percentile衡量 X^2，P_1，P_2 和 P_3 的 X^2 指标得分差距缩小。因此用Average JIF Percentile代替JIF衡量 X^2 消除了JIF的学科差异性，更适合用于衡量 X^2 的指标。P_3 的被引次数、施引论文层级和施引论文总数都是三篇参评论文中最高的，但 $x_3^3<x_1^3$，说明 P_1 的施引论文的生产过程和发表过程具有更高的国际化水平。P_1 在施引论文层级和施引论文总数上不及 P_2，P_1 的被引频次比 P_2 的被引频次高，且 $x_1^3>x_2^3$，这是因为 X^3 受论文的直接施引论文的国际化水平影响更大。

从表6.4中可得出结论，在三篇论文中，P_1 的生产过程和发表过程的国际化水平最高，P_3 的利用过程的国际化水平最高。$C_1^*>C_3^*>C_2^*$，P_1 的国际化水平最高，P_3 的国际化水平第二，P_2 的国际化水平最低。$C_2^*=0$ 是指 P_2 的TOPSIS法测度结果为0，但这并不说明 P_2 对科学领域产生的国际影响程度为0。

通过上述研究可以发现：

(1) 国际合著论文的国际化水平不能简单地用某一个或者某几个测量指标来衡量。论文生产过程国际化水平测度要综合考虑作者数量和多元化程度两个指标。论文所在期刊的JIF无法消除学科差异性,用期刊的平均期刊影响因子百分位数作为论文发表过程的国际化水平测量指标更为合适。论文利用过程的国际化水平可以用其施引论文的国际化水平来衡量。论文三个生命阶段的国际化水平是相互关联的,对不同阶段赋予不同权重就会产生不同结果,需谨慎赋权使用。

(2) 将模型用于科研人员的国际科研合作绩效评价时,应考虑科研人员在论文中的贡献率,将各指标得分乘以贡献率后参与测度。对有多篇国际合著论文参评的科研人员,其国际科研合作绩效考核评分可由其所有论文的相对接近程度分值加和得到总得分,并以总得分参与考核。

(3) 论文的作者和作者所属单位和国籍、论文发表期刊的平均期刊影响因子百分位数和论文的施引论文都可以在 Web of Science 检索后用网络爬虫技术获得。对原始数据量大的TOPSIS测度模型,可以用计算机编程计算结果。经过试验,论文给出的指标的可获取性和模型的可操作性都较好。

针对本书的结论,给出以下两点建议:

(1) 国际合著论文"生产—发表—利用"三个不同生命阶段共同影响论文的国际化水平。在国际科研交流与学术合作中,应该合理利用资源,最大限度地发挥不同资源在这三个阶段的效益以提高论文国际化水平。在论文创作阶段,要积极开展国际合作,既要考虑合作国家科研竞争力情况,又要注重合作人员国籍的多元化,并且集中力量推动论文在高影响因子期刊上发表。论文本身的质量水平决定了论文被引用后能否产生更优秀的学术成果和更大的国际影响力,提高论文质量能提升论文利用阶段国际化水平。

(2) 国际合著论文是科研国际化的重要产出,在高校国际化水平测量和科研人员考核中占有重要地位。因此,科学有效地测量国际合著论文的国际化水平十分有必要。论文国际化水平测量涉及指标选取、权重赋值以及模型选择等多个方面,每个方面的误差都会导致结果的不同。在实际评估中,需要考虑科研合作的具体情况,最大限度地表现国际合著论文的国际化影响程度,并且不断提高测评的精度。

第 7 章　研究型大学国际化风险识别与评价

大学国际化是一项系统性、开拓性、专业性很强的活动。它已经成为大学提升教育质量，推动内涵式发展转型升级的重要手段。大学国际化本质上是一种管理行为，主要通过大学内外环境中国际化资源的交互使用，逐渐培养自身的国际化能力，从而不断推动国际化目标的实现。国际化建设过程需要各级部门之间密切配合，既包括独立运行的项目，也包括需要各级部门合作才能完成的项目。这些项目在实施过程中必然会遇到各种不同的风险，从而阻碍国际化活动的顺利开展。因此，为保证大学国际化目标的成功实现，需要建立国际化风险评价指标体系，以此开展风险评价，从而提前判断风险可能发生的情况，为大学国际化建设的实践者提供参考。基于此，本书通过构建 AHP 模型对大学国际化各类风险指标进行模糊评价，从而确定各类风险的等级程度，以提高大学识别与防范风险的能力。

7.1　大学国际化风险评价指标体系的建立

7.1.1　大学国际化风险因素分析

大学国际化风险是指大学在国际化建设过程中，由于内外环境的不断变化、国际化建设本身存在的复杂性以及大学实力的局限性导致国际化面临失败的风险或达不到预期目标的各类因素。大学国际化整体风险是由多种因素相互影响、共同决定的，这些风险因素构成了一个复杂的体系。为了准确评价大学国际化风险，建立科学有效的风险决策机制，首先要识别风险因素。大学国际化涉及复杂多样的工作，因此要全面地分析风险，尽量避免风险识别漏洞的出现，是风险识别的关键。

1. 内部风险——战略形成风险

战略形成风险即从战略制定的源头考察风险的形成。主要包括两个方面：一是大学的决策者缺乏长远的眼光和全局性的视角，没有对大学的国际化发展进行战略规划。目前我国研究型大学均已展开国际化战略思考，并体现在“十二五”规划中，有的大学如天津大学、吉林大学甚至形成了专门的国际化战略文本，对国际化目标及实施策略均有详细的阐述。但是很多教学型大学，尤其是中西部大学，国际化战略的缺位，从长期来看会使这些大学错失主动发展先机，造成后续发展成本的急剧增加。二是大学国际化战略意图明显，但是决策者选择了错误的战略类型，导致大学现状与国际化战略定位不符。周密等人经过调查分析，提出了四种国际化战略路径：概念国际化战略、特色国际化战略、局部国际化战略、全面国际化战略(周密 等，2011)，为大学国际化战略的选择提供了指导。任何战略实施都会需要大量资源的投入，而错位的选择不仅无法带来相应的国际化效果，而且会使得大学及国家遭受损失。可见，大学决策者的战略管理能力是影响该种风险的重要因素。

2. 内部风险——战略实施风险

(1) 组织风险。战略实施的第一步就是组织变革，因此组织风险是战略选择的必然结果。大学国际化组织变革分为两种情况：一是创建新的国际化组织机构。这就需要进行岗位职能再设计和外部组织关系再设计。根据组织设计理论，不同的组织结构具有不同的功能，因而在考虑组织结构时需要对组织现在和未来的各类国际化事务及工作程序进行有效的划分。周密等人就通过对大学国际化事务的项目性划分，提出了大学国际化组织的变革性矩阵结构(周密 等，2014)，是对岗位职能再设计的有益探索。岗位职能的再设计不仅会涉及人事的变化，也涉及职能任务的改变，对于大学工作人员来说，是一项巨大的挑战。外部组织关系即与其他部门的关系，主要涉及国际化组织机构在大学组织结构中的地位问题。传统的国际化组织机构与其他部门，如科技处、人事处一样作为职能部门处在同一个职能层次。但是国际化战略需求将突破职能界限，把国际化组织机构摆到更特殊的位置上来。由于国际化工作的需要，职能部门间的配合更加紧密，这势必会使沟通障碍增多。二是完善传统科层制下的国际化组织结构。传统的科层制结构不能按国际化特征对项目进行合理划分，国际化事务处理缺乏效率。此外，过于僵化、封闭的特征，与国际化更注重开放、合作的内涵不符，因此两者的冲突必然会阻碍国际化活动的有序开展，不利于大学整体国际化建设的推进。可以看出，科层制观念、国际化业务规模及多样性、大学开放程度将决定国际化组织结构的形成。

(2) 经费风险。经费风险主要是指经费拨付的及时性、充足性、可持续性。对于前瞻性、影响力大的国际化项目要主动把握先机，为项目的深入、拓展打好基础。但是往往这类项目时效性较强，经费投入较大，如果经费拨付不及时、不足额，将会导致后续进入成本增加，甚至会影响其他项目的顺利开展。目前主要面临两类风险:① 经费获取风险。国际化经费来源的主要渠道是财政拨款。由于拨款存在不确定性,导致该部分资金获取面临着风险。② 后续经费风险。在国际化项目开展过程中,实际使用往往与计划需要存在差距,这时经费能否及时补充到位也存在不确定性。从这两个角度来说,财政经费拨款的稳定性及经费来源渠道的开拓能力将决定经费风险的产生与演化。

(3) 信息管理风险。包括信息搜集不足、信息传递不畅、信息处理不及时三种情况。信息搜集不足,指大学缺乏足够的人员从事信息搜集工作或者是相关人员对信息"区域"有偏好,导致信息获取不足。信息传递不畅,主要是由于缺乏部门之间信息对接的窗口或者部门之间信息处理的标准不一致,信息兼容性较差,从而导致了二次信息加工工作繁重,增加了信息传递时间。信息处理不及时,会导致信息链的传递时间滞后,从而使国际化工作紊乱。总之,信息系统的完备程度及对信息系统的管理能力是影响此种风险的关键因素。

(4) 项目风险。通过对国内多所大学相关国际化战略文本内容的整理,发现在执行战略过程中,大学普遍以具体项目作为实施手段。综合归纳,目前主要包括学生、师资、科研以及学科四类国际化项目,具体表现在:

学生国际化风险,包括学生"走出去"风险和学生"引进来"风险。学生"走出去"风险即留学风险,指留学生在海外学习和生活期间,因故发生的涉及其财物和生命安全的危险,主要包括政治性、刑事犯罪性和意外伤害性三类风险(李晓敏,2010)。此外,还包括优秀学生的流失风险。教育部留学服务中心报告指出,近年来留学归国人数呈现增长趋势,但高层次人才回流率仍然不足。报告显示,2012年的归国留学人员中,获硕士学位的申请者占总量的60.3%,获博士学位的申请者占5.8%。随着我国经济社会的快速发展,对于海外高层次人才需求十分迫切,而这一矛盾仍比较凸显,另外还存在海外学历认证等风险。综上所述,影响该种风险的主要因素包括:本国学生的跨文化适应能力、留学目的国社会稳定程度、优秀学生流失程度、留学高校的受认可程度。学生"引进来"风险主要包括培养质量风险、跨文化心理适应风险(文化冲突风险、个性心理风险)、留学管理风险、资源配置风险、突发事件风险等。培养质量风险,留学生培养质量、管理水平、各国人才需求差异及留学生个人品性等原因,使得所招收的留学生在培养过程中出现违背培养目标的结果(江永华,2012)。跨文化心理适应风险,文化冲突风险,外国留学生与中国学生相比较,存在政治、宗教、民族、非国民身份四大差异因素,而这些因素可能产生冲突,其核心是文化与信仰间的冲突(江永华,2012)。个性心理风险,外国留学生来华后因生活环境的变化容易面临文化休克现象、心理疾病、身体疾病等个性化的风险(江永华,2012)。外国留学生管理风险,由于来华留学生来自世界不同的国家,具有不同的文化背景,所以来华留学生群体文化环境背景复杂、差异性大。而我们的留学生管理人员受到自身文化背景的影响,对来自发达国家留学生管理过于放松，加上管理方式的不同而易导致文化误解、文化冲突，使留学生管理人员的管理思想、管理习惯、管理方法等不能有效地应用到对外国留学生的管理上（江永华，2012）。资源配置风险：因师资、教学设施的限制，可能导致留学生规模扩大后带来资源配置不足（强百发，2010）。突发事件风险：教育部《来华留学生突发事件处理规范（讨论稿）》指出，来华留学生突发事件是指在我国高校学习的各类来华留学生在学习期间遇到的由人为或自然原因造成的伤、病、死亡事件，以及涉及其本人的政治、刑事、民事、经济、行政、治安案件等。因此，留学生的文化适应能力，学校留学生管理能力以及留学生培养能力将决定此种风险的产生与演化。

师资国际化，主要是指教师队伍结构的国际化，也就是吸引高等教育机构外籍教师、国际知名学者以及留学人员来校任教。其风险主要体现在以下几个方面：① 注重数量指标而轻视内涵培养。从我国大学国际化的实践情况来说，目前仍以引智数量为评价重点，以提高海外人才所占比例为指标开展师资国际化工作。各类人才引进计划或项目使大量优质资源优先投入到海外人才中，对海外人才的考核也给予了充分的弹性。尽管如此，很多海外人才回国工作的效果仍需打折扣，如使用资源后未能产生相应成果，合同到期即再次回流国外，造成了资源的无效率使用等。此外，国内很多大学因为自身实力等原因，缺乏对海外一流人才的吸引力，而能够招聘到的海外人才往往创造力和竞争力表现不足，这种资源投入与实力上的差距也与本土师资形成了巨大落差，非常不利于大学的发展与管理。② 缺乏有效的绩效考核机制。由于国内外科研教学环境存在较大差异，而很多海外人才在融入国内环境的过程中存在诸多障碍，能否在大学规定的考核期间内产生预期的成果仍存在很多不确定因素。人才成长具有一定的规律，大学能否根据人才成长的规律建立合理有效的考核机制，是海外人才引进成功的关键。③ 师资国际化缺乏有效的保障机制。在国际化浪潮中，很多大学对国际化师资缺乏科学合理的规划。各院系配备什么类型的国际师资，需要在人数、背景等方面做出科学的考量。有些大学因为缺乏具有国际背景的师资，往往忽略关键因素，对国际化教师设立的门槛较低，导致很多缺乏教学科研能力的滥竽充数者混入了大学教师的群体中。所以，教师不同文化适应能力、考核机制的有效程度、保障机制的有效程度将对此种风险的产生决定性影响。

科研国际化风险。科研风险被定义为科研活动中表现出的风险现象，即科研成果是否会成功、能否得到社会承认或转化为技术产品（周文泳，2013）。根据周文泳等对科研实现的整个过程所进行的分析，科研准备阶段包括科研选题、学术构思、方案设计；科研辅助过程包括硬件支持、信息服务、资源配置；科研执行过程包括科研实施、知识表达以及成果转化。因此科研准备阶段及科研辅助过程面临的主要风险是泄密风险，科研执行过程面临的主要风险是科研实施过程中的沟通风险、科研成果的知识产权风险。影响该种风险的主要因素包括：科研项目的保密级

层表示决策分析的总目标，中间层表示实现总目标涉及的各个子目标，而最底层则表示具体的可行方案及措施等。通过描述这些层次间的非序列关系，从而为决策者的判断和比较提供准确依据。构造一个合理的 AHP 模型，一般要遵循以下几个步骤。

7.2.1 建立层次结构模型

建立该模型的关键就是将问题层次化，构造出能够反映该系统属性和内在联系的递阶的层次结构。要明确该结构中不同元素间的隶属关系，将具有相同属性的元素归为一组，作为该结构中的一个层次。而处于中间层的元素能够有效制约下层元素，同时也受上层元素的制约。

7.2.2 构造判断矩阵

根据 T. L. Saatys 创造的 1—9 标度法，将第 i 个元素与其他元素进行两两比较，得出其重要程度 a_{ij}（其中 $i,j=1,2,\cdots,m;m$ 为某层元素个数），由此构建了判断矩阵 $G=(a_{ij})_{m\times m}$。1—9 标度法及含义如表 7.2 所示。

表 7.2 1—9 标度法及含义

标度	定 义	含 义
1	同样重要	两元素对某种属性同样重要
3	稍微重要	两元素对某属性，一元素比另一元素稍微重要
5	明显重要	两元素对某属性，一元素比另一元素明显重要
7	强烈重要	两元素对某属性，一元素比另一元素强烈重要
9	极端重要	两元素对某属性，一元素比另一元素极端重要
2,4,6,8	相邻标度中值	表示相邻两标度之间折中时的标度
上列标度倒数	反比较	元素 i 对元素 j 的标度 a_{ij}，反之则为 $1/a_{ij}$

7.2.3 层次单排序及其一致性检验

对于总目标层，因素层各元素进行两两比较构造判断矩阵 F，通过求解该矩阵最大特征值 $\lambda_{\max}$，及其对应的特征向量 W，并进行一致性检验。

判断矩阵的一致性检验步骤是：

(1) 求出一致性指标 $\mathrm{C.I}=\dfrac{\lambda_{\max}-m}{m-1}$；

(2) 从表 7.3 可得平均随即一致性指标 R. I；

(3) 计算一致性比率 C. R＝C. I/R. I。当 C. R≤0.1 时，满足一致性检验；否则，修改判断矩阵(见表 7.3)。

表 7.3　R. I 指标值

阶数	1	2	3	4	5	6	7	8
R. I	0	0	0.52	0.89	1.12	1.26	1.36	1.41
阶数	9	10	11	12	13	14	15	—
R. I	1.46	1.49	1.52	1.54	1.56	1.58	1.59	—

7.2.4　层次总排序及其一致性检验

设相邻两层次中，层次 A 包含有 m 个元素 $A_1, A_2, \cdots, A_m$，层次 B 包含 n 个元素 $B_1, B_2, \cdots, B_n$。上一层次元素总排序权重分别为 $w_1, w_2, \cdots, w_m$，下一层次元素关于上一层次元素 A_j 的层次单排序权重向量为 $(b_{1j}, b_{2j}, \cdots, b_{nj})^{\mathrm{T}}$。

$$\mathrm{C.\,I} = \sum_{j=1}^{m} w_j \mathrm{C.\,I}_j, \quad \mathrm{R.\,I} = \sum_{j=1}^{m} w_j \mathrm{R.\,I}_j,$$

$$\mathrm{C.\,R} = \mathrm{C.\,I/R.\,I} = \sum_{j=1}^{m} w_j \mathrm{C.\,I}_j \Big/ \sum_{j=1}^{m} w_j \mathrm{R.\,I}_j$$

同样，当 C. R≤0.1 时，满足一致性检验；否则，修改判断矩阵。

7.3　运用 AHP 模型进行大学国际化风险评价——以中国科学技术大学为例

7.3.1　构建 AHP 层次模型

通过对我国大学国际化风险因素进行分析，本书构建了大学国际化风险的层次结构模型(见表 7.1)。该模型包括三个层次：目标层(A)、因素层(D)以及指标层(E)。

7.3.2　构造判断矩阵并进行层次单排序及其一致性检验

为了构造判断矩阵，本研究邀请了中国科学技术大学部分专家对各层要素的重要性进行了两两比较，并进行相关评分。

对于总目标 A，可得出 C. R＝0.095 3＜0.1，满足一致性要求。对于各因素层，可得到 C. R(D1)＝0.00＜0.1，C. R(D2)＝0.043 9＜0.1，C. R(D3)＝0.00＜

0.1，C.R(D4)=0.00<0.1，C.R(D5)=0.095 7<0.1，C.R(D6)=0.017 6<0.1，C.R(D7)=0.00<0.1，C.R(D8)=0.00<0.1，C.R(D9)=0.026 5<0.1，均通过了一致性检验。

7.3.3 层次总排序及其一致性检验

根据上述层次单排序结果，本书进行了总层次排序计算，其结果如表 7.4、表 7.5 所示。

表 7.4 层次总排序结果：因素层综合权重

	D1	D2	D3	D4	D5	D6	D7	D8	D9
综合权重	0.230 1	0.172 3	0.166 9	0.130 7	0.079 2	0.061 7	0.061 7	0.049 9	0.047 7

表 7.5 层次总排序结果：指标层总排序权重

	D1	D2	D3	D4	D5	D6	D7	D8	D9	总排序权重
E1	0.75									0.172 5
E2	0.25									0.057 5
E3		0.488 3								0.084 1
E4		0.214 2								0.036 9
E5		0.193 5								0.033 3
E6		0.104 0								0.017 9
E7			0.75							0.125 1
E8			0.25							0.041 7
E9				0.75						0.098 0
E10				0.25						0.032 7
E11					0.263 0					0.020 8
E12					0.224 8					0.017 8
E13					0.140 4					0.011 1
E14					0.132 5					0.010 5
E15					0.098 4					0.007 8
E16					0.071 9					0.005 7
E17					0.069 0					0.005 5
E18						0.387 4				0.023 9

续表

	D1	D2	D3	D4	D5	D6	D7	D8	D9	总排序权重
E19						0.443 4				0.027 3
E20						0.169 2				0.010 4
E21							0.666 7			0.041 1
E22							0.333 3			0.020 6
E23								0.666 7		0.033 3
E24								0.333 3		0.016 6
E25									0.413 3	0.019 7
E26									0.292 2	0.013 9
E27									0.186 7	0.008 9
E28									0.107 8	0.005 1

层次总排序的一致性检验为

$$C.I=\sum_{j=1}^{m}w_jC.I_j=0.0187276,\quad R.I=\sum_{j=1}^{m}w_jR.I_j=0.335596$$

$$C.R=C.I/R.I=\sum_{j=1}^{m}w_jC.I_j/\sum_{j=1}^{m}w_jR.I_j=0.0558<0.1$$

通过一致性检验。

7.3.4 结果分析

通过上述计算，本书对上述各因素层权重及指标层权重进行了排序（见表7.4、表7.6）。

表 7.6 指标层权重排序情况

E1	E7	E9	E3	E2	E8	E21
0.172 5	0.125 1	0.098	0.084 1	0.057 5	0.041 7	0.041 1
E4	E5	E23	E10	E19	E18	E11
0.036 9	0.033 3	0.033 3	0.032 7	0.027 3	0.023 9	0.020 8
E22	E25	E6	E12	E24	E26	E13
0.020 6	0.019 7	0.017 9	0.017 8	0.016 6	0.013 9	0.011 1
E14	E20	E27	E15	E16	E17	E28
0.010 5	0.010 4	0.008 9	0.007 8	0.005 7	0.005 5	0.005 1

根据中国科学技术大学国际化建设的实际情况，经过和相关专家的讨论，本书对大学国际化风险进行了等级划分(见表 7.7)。

表 7.7　大学国际化风险等级划分

风险程度	权重范围
极轻微	0.001—0.005
轻微	0.005—0.01
明显	0.01—0.05
强烈	0.05—0.1
极端	0.1—0.5

从表 7.4 中可以看出，$W_{D1} > W_{D2} > W_{D3} > W_{D4} > W_{D5} > W_{D6} > W_{D7} > W_{D8} > W_{D9}$，且 W_{D1}、W_{D2}、W_{D3}、W_{D4} 属于极端风险程度层；W_{D5}、W_{D6}、W_{D7} 处于强烈风险程度层；W_{D8}、W_{D9} 则处于明显风险程度层。因此中国科学技术大学在进行国际化建设时，需要对战略形成风险、组织风险、经费风险以及信息管理风险进行重点研究，同时给予学生国际化风险、师资国际化风险以及科研国际化风险的关注与重视也应高于学科国际化风险以及外部风险。

从表 7.6 中可以看出，在指标层中，决策者的战略管理能力(E1)以及财政经费拨款的稳定性(E7)处于极端风险程度层，信息系统的完备程度(E9)、大学面临的环境变化程度(E2)、科层制观念(E3)处于强烈风险程度层，需要给予重点关注；E8、E21、E4、E5、E23、E10、E19、E18、E11、E22、E25、E6、E12、E24、E26、E13、E14、E20 共 18 个指标处于明显风险程度层(中间层次)，指标数量大，对其管理的重点是防止向更高程度的风险层演化；E27、E15、E16、E17、E28 处于轻微风险程度层，给予一般管理即可。

对大学国际化风险进行科学的评价，有利于大学建立有效的风险管理制度。本书根据我国大学开展国际化建设的特征，从战略管理的角度对大学国际化风险因素进行了详细分析，构建了大学国际化风险评价指标体系，并运用 AHP 评价模型对大学国际化风险进行了定量分析与评价，计算出了各风险因素的风险等级，为大学决策者进行风险管理提供了理论依据。但大学国际化风险评价是一项复杂的系统工程，影响因素较多，还需要进一步研究与完善。

第8章　中国科学技术大学国际化战略与实施策略介绍

中国科学技术大学作为国际知名研究型大学，近年来在加紧推动国际化发展方面取得了显著成效。笔者在中国科学技术大学国际合作与交流部门实习过一段时间，对中国科学技术大学开展国际化工作有较为清晰的认识，并获取了有关资料，通过对这方面的介绍，为我国研究型大学国际化发展提供思路。

8.1　中国科学技术大学国际化现状介绍

从2010年的数据来看（见表8.1），中国科学技术大学国际化的主要不足包括：① 外国留学生规模非常小，且主要集中在发展中国家；② 国际化教师规模小，且学

表8.1　中国科学技术大学国际化现状

学校名称	攻读学位留学生人数（比例）	国际教师人数（比例）	派出访问学生人数
哈佛大学	4 188（21.9%）	4 459（31.8%）	不详
麻省理工	3 305（27.9%）	2 000（18.6%）	
剑桥大学	3 856（20.3%）除欧盟国家	2 404（26.3%）	
牛津大学	5 197（33.3%）除欧盟国家	2 972（28.5%）	
北京大学	2 348（7.9%）	803（14.94%）	约3 200人次
清华大学	2 500（6.3%）	293（9.36%）	约2 700人次
复旦大学	2 812（9.1%）	253（10.20%）	约2 600人次
上海交大	2 600（6.3%）	189（6.36%）	约2 700人次
中国科大	49（0.32%）	42（2.8%）包括千人	118人次

资料来源：各校官方网站及Quacquarelli Symonds排名（2010年）

科分布不均衡；③ 学生赴海外攻读学位的人数多，但短期交流人数少。

此外，中国科学技术大学国际化的优势包括：① 科研成果国际化显著(见图 8.1)；② 海外校友规模庞大，大多集中在大学、研究机构和高科技行业；③ 科研基础较好，是中国大学中唯一拥有两个国家实验室的大学；④ 学生的素质高，英语基础好。

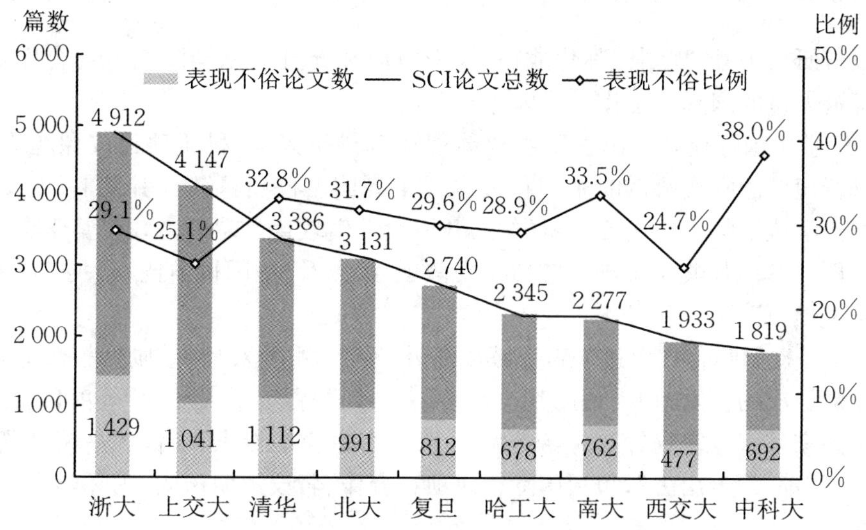

图 8.1　C9 高校 2012 年表现不俗论文情况

但是，中国科学技术大学国际化也存在先天的国际化劣势：① 地处合肥。合肥属于中部中度发达城市，经济、科技、基础社会以及公民国际化素质与发达城市相比仍存在不小差距。② 理工科背景。从中国科学技术大学的发展历史可以看出，中国科学技术大学一直以理工科为重点、优势，人文学科领域发展明显滞后。

8.2　中国科学技术大学国际化战略

8.2.1　国际化战略总目标

力争在 2018 年前后，把学校建设成为具有世界水平、中国特色和科教优势的世界一流研究型大学。

具体目标为：

(1) 打造具有国际高水平的师资队伍。

(2) 围绕优势学科，打造国际一流水平的科研团队，创造一批国际一流的研究成果。

(3) 深入推动学生“走出去”。至 2020 年，力争使具有国际交流经验的本科生比例达到30%,具有国际交流经验的研究生比例达到50%。

(4) 形成规模适度、结构合理的留学生群体。至2020年,力争在校留学生尤其是高层次留学生每年新增100人左右,力争在校留学生总规模达到500人左右。

8.2.2 特色国际化战略路径:科研国际化带动人才培养国际化

以科研为中心,规划国际化战略,大力争取和充分利用国际交流与合作资源,促进师资力量的国际化工作。具体体现在:

(1) 学生国际化:"走出去",主要体现在以科研兴趣、科研项目或课题为主要对象进行短期国际交流,如"中国科大本科生暑期名校项目"。"引进来"主要体现在以博士学位留学生为主要培养群体,开展留学生教育,如"中国政府奖学金项目""CAS-TWAS院长奖学金项目""留学安徽项目"以及"中国科学技术大学外国留学生奖学金项目"。

(2) 师资国际化:"引进来",继续以海外校友为主要对象,鼓励回校服务,针对不同年龄层次的校友,积极帮助其申请"千人计划""青年千人计划"等项目。此外,还包括国家外国专家局针对外籍专家引进的"外国文教专家"项目、"高端外国专家项目计划"等。"走出去",包括国际科研项目合作、名校短期访问、国际学术会议等多种形式。

(3) 学科国际化:以优势学科为重点,打造世界一流科研团队,如中国科学技术大学的量子信息学科。由潘建伟院士领衔的中国科学技术大学量子信息团队,所有团队成员都有海外一流大学或科研机构的研究经历。在短短5年里,该团队先后在《Nature》《Nature Physics》《Physical Review Letters》发表了数十篇高水平学术论文。一系列具有世界影响的开创性工作,使该研究团队迅速成长为国际量子信息实验领域的佼佼者,在世界科学前沿占据一席之地。

8.3 中国科学技术大学国际化战略的实施

1. 组织变革:成立国际合作交流委员会,后更名为国际合作与交流部

2010年开始,学校积极谋划"大外事"建设。2010年7月上旬,学校开始与国家外国专家局部分领导进行协调和沟通,并就有关议题与国家外国专家局相关部门进行了研讨。2010年7月中旬,学校开始组织相关人员对学校的国际合作交流工作进行了摸底分析,先后听取了校研究生院关于"中国科技技术大学研究生教育国际交流与合作工作小结"、人事师资处关于"师资队伍国际化调研汇报"、科技部关于"科研国际化汇报"。2010年7月下旬,学校组织相关人员赴北京大学、清华

大学、复旦大学等首批“985 工程”高校进行了国际化调研，分析了中国科学技术大学国际合作交流工作的优势与不足。同时，将学校国际合作交流委员会的成立设想以书面形式提交到校长办公会，并获得通过。2010 年 8 月，学校召开了第一次国际合作交流工作会议，参会人员包括校领导、院系负责人、各院系外事主管、教授代表、学术、学位、教学委员会委员、国家外国专家局领导等，首次全面回顾与总结了过去学校国际合作交流工作，提出成立国际合作交流委员会来规划、咨询、审议、指导学校国际化工作。2010 年 9 月，向学校提交了学校国际合作交流工作的基本推进思路，并获得认可。2010 年 12 月，学校发文成立了国际合作交流委员会。国际合作交流委员会的职责是统筹整合学校内部资源，同时积极争取外部资源，以科研国际化为工作轴心，协调各部门的国际化事务，以实现中国科大国际化的跨越性发展。确定了国际合作交流委员会的内部工作分工：外事办公室主要负责常规事务性工作，委员会办公室负责学校国际合作交流的创新发展工作以及委员会的日常工作(见图 8.2)。

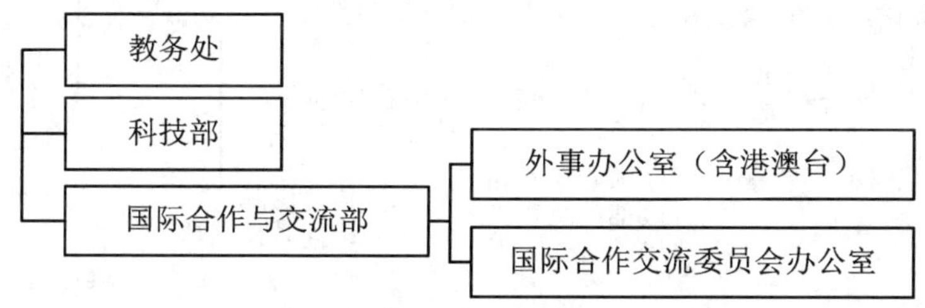

图 8.2　中国科学技术大学国际化组织结构

2. 资源配置：推动学校国际合作交流工作机制变革

为了能够形成一个新的学术决策和行政执行的有效的国际化工作机制，最大限度地整合资源，实现学校的整体目标，学校多次组织有关人员对学校国际合作交流的工作方向、工作分配、工作困境进行了认真研讨，确定了各类项目的工作机制。

在此基础上，确定了委员会与其他部门的联动关系，实现与其他部门沟通协调的及时链接，同时向外发力，以渠道建设为手段，充分争取外部资源：配合科技处工作，推进与国际机构的科研合作；配合教务处和研究生院的工作，拓展学生访问交流渠道；配合人事处工作，拓展聘用模式，吸引短期和长期的国际教师；配合教务处、研究生院、招生就业处，通过多种渠道，扩大国际学生规模；配合宣传部工作，通过访问、媒体、宣传资料等多种形式进一步提升学校的国际形象。

3. 项目实施

(1) 推动与世界一流大学及著名科研机构的合作交流。

以科研为中心，与世界一流大学及著名科研机构开展实质性合作。2011 年 10 月，学校代表团访问了维也纳大学、海德堡大学、苏黎世联邦理工学院(ETH Zurich)等欧洲名校,以及德国马普光学研究所、欧洲核子研究组织(CERN)、法国原子能委员会(CEA)、国际热核聚变实验堆(ITER)等著名国际科研机构,深入探讨了加强交流与合作等方面的问题。并先后与海德堡大学、维也纳大学签署了校际合作协议,还与马普光学所就学生交流达成协议,协议规定:马普光学所每年接受该校数名访问生,研究生以上的访问学生和访问教授将由对方支付交流费用。2012年学校与普林斯顿大学构建了“先进核聚变能和等离子体科学协同创新中心”。2013年1月,学校代表团访问了斯坦福大学、普林斯顿大学和麻省理工学院等美国名校,深入探讨了加强合作与交流等方面的问题,签署了校际合作协议,并就进一步开展具体项目达成了一致。此外,还与ITER积极合作,初步达成了开展合作培训的意向。“国际访问教授”项目校内工作机制如图8.3所示。

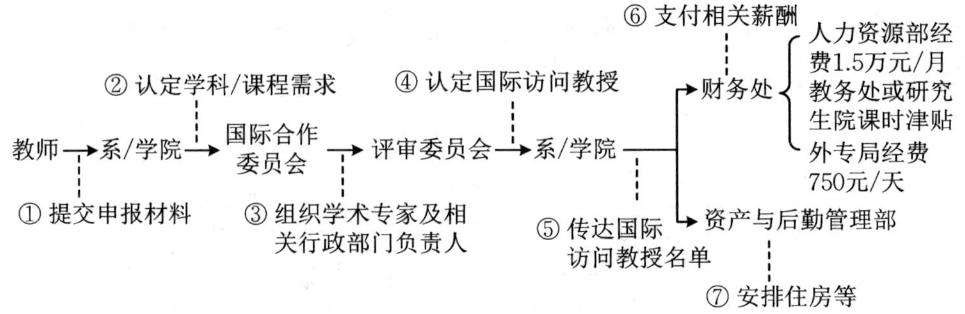

图8.3 “国际访问教授”项目校内工作机制

签署《合肥宣言》,推进与国际著名研究型大学联盟的深度合作。2013年10月,学校借承办C9校长年会的机会,携其他首批“985工程”大学(C9)校长或校长代表,与美国大学联盟(AAU)、欧洲研究型大学联盟(LERU)、澳大利亚八校联盟(Go8)的负责人,共同签署了旨在阐释现代研究型大学的主要特征与使命的《合肥宣言》。通过共同签署宣言,四个大学组织机构承诺:共同推进和维护这些研究型大学特质;与自身组织内的成员大学合作,以确保这些特性的实现;在高等教育政策的发展过程中,推进这些特性的核心价值。

积极构建国际名校品牌合作项目。构建了SUM(斯坦福大学—中国科学技术大学—麻省理工学院)交流平台。2012年SUM夏令营活动在中国科学技术大学成功开营,来自11个国家的44位营员在一起学习、研讨和交流了10天。2013年SUM教授论坛也在中国科学技术大学顺利落下帷幕,来自斯坦福大学和麻省理工学院的18位教授与该校40名教授、C9高校的40名学生一起,针对物理、化学与材料科学、地球和空间科学三个学科领域的前沿发展问题进行了交流。将SUM打造成了中国科学技术大学与国际名校合作的品牌项目,开启了中国科学技术大学与国际名校平等对话的新机制。中国科学技术大学将进一步推动SUM的深入发展,不断提高SUM的国际影响力。

(2) 进一步完善学校人才培养与人才引进体系建设。

从2011年起开始组织相关人员,对出国交流的在校生、来校学习的留学生以及来访教授等进行了调查分析,对完善学校人才培养与人才引进体系提出了相关建议,并会同校研究生院、教务处、人力资源部等有关部门,多次组织召开学校人才培养与人才引进体系建设专题研讨会和座谈会。2012年12月,国际合作交流委员会举行全体工作会议,讨论并通过了四项促进学校国际合作交流的建议草案:《中国科学技术大学国际学生奖学金实施细则》《中国科学技术大学优秀学生国际访问奖学金资助办法》《中国科学技术大学英语授课课程实施办法》《中国科学技术大学"国际访问教授"试行办法》。为学校人才培养国际化与人才引进的进一步发展提供了强有力的保证。

(3) 推动学生国际交流工作。

发掘渠道,积极派遣学生"走出去"。在中国科学技术大学原有的国际交流项目基础上,开拓了本科生暑期名校交流项目,2011年、2012年、2013年先后选拔了24名、56名、96名优秀本科生赴剑桥大学、牛津大学等世界一流名校进行暑期交流学习(见表8.2)。

表8.2　2013年中国科学技术大学本科生暑期名校交流项目情况

	Top Brazil	UCLA	牛津大学	西澳大学	耶鲁大学	哈佛大学	弗吉尼亚理工大学
学生数	3	9	17	17	3	3	9
	滑铁卢大学	密歇根大学	加州大学欧文分校	加州大学圣地亚哥分校	马普量子光学所	奥斯汀大学	欧洲核子研究中心(CERN)
学生数	3	5	2	6	1	2	1
	斯坦福大学	新竹清华大学	特文特大学	犹他大学	加州理工学院		
学生数	2	5	6	1	1		

创造机会,为学生"走出去"提供更多选择,如2011年中国科学技术大学与海德堡大学和维也纳大学签署了学生交流协议,明确每年学校可向每所大学派出5—10名学生开展交流。2012年学校与剑桥大学签署未来物理学家项目,每年暑期选派优秀学生到剑桥大学卡文迪许实验室学习3个月。此外,中国科学技术大学明确了与瑞士苏黎世联邦理工学院的学生交流项目。

(4) 大力发展留学生教育工作。

留学生教育工作一直是学校国际合作交流的工作重点。近年来,中国科学技术大学留学生数量逐年增加。但是,基于学校的学科特点,来学校学习理工科的留学生人数较少。通过调查发现,学校历来受到发展中国家学生的青睐,发展中国家的学生也因此成为该校留学生的主力军。为了充分发挥该校优势，进一步提高中国科学技术大学留学生数量及层次，中国科学技术大学积极与中国科学院协调，大力争取到了 CAS-TWAS 院长奖学金项目(见表 8.3)。2013 年共有分别来自坦桑尼亚、卢旺达、巴基斯坦等发展中国家 28 名留学生通过该项目来该校攻读博士学位。此外，中国科学技术大学积极与安徽省教育厅等有关部门沟通，每年可获得“留学安徽”项目的 4 个留学生名额。截至 2013 年 11 月，该校新增留学生 73 人。

表 8.3 2013 年中国科大 CAS-TWAS 院长奖学金录取情况

来源国	巴基斯坦	伊朗	坦桑尼亚	卢旺达	泰国	苏丹	越南	埃及	柬埔寨	印度	也门
学生数	19	2	1	2	1	2	2	1	1	1	1

(5) 推动学校国际文化建设。

进一步加强对外宣传工作。协助学校新闻中心推进全校的英文网站建设，现在学校英文网站已经基本完成改版，各学院的英文网站已经基本建立。加大与《Nature》《Science》等国际一流学术期刊的合作，组织了《Nature》《Science》对学校的宣传介绍，进一步提升了学校国际影响力。在科大要闻板块的基础上，创建了双月刊英文电子版的《科大快讯》，并定期发送给合作单位、海外校友及潜在合作者。此外，定期更新了中国科学技术大学英文宣传资料，提供给各单位、个人用于国际合作工作。与此同时，加强与新媒体的合作，对学校新兴国际合作项目进行推介，吸引更多国际合作伙伴参与。

推动校园国际文化展示工作。积极配合中国科学技术大学校史馆开展改造升级工作，对校史馆展示内容进行了更新、添加了双语说明等。同时积极配合相关实验室进行重大项目模型及英文说明的建设，如量子科学实验卫星、暗物质探测卫星、稳态强磁场装置和热核聚变实验堆等。

(6) 推动师资国际化。进一步加强了出境工作制度化、流程化、信息化建设。首先，公开各类规章制度，在本部门的网页、学校的信息公开平台，公布科学院、财政部关于出境的各项管理办法和通知，包括：中国科学院合作局印发的《因公出国(境)管理办法》、财政部印发的《因公临时出国经费管理办法》《中国科学技术大学国际杰出学者系列讲座计划资助管理办法》《中国科技大学国际会议资助管理办法》《中国科技大学因公出国(境)管理实施细则》《中国科技大学因公出国(境)分类管理实施细则》、国际合作局《关于因公临时出国进行事前和事后公示的通知》，让老师能随时了解各项规章制度。其次，为该校教职工因公出国、赴港澳地区(6 个月以下)申报及相关护照签证办理、报销手续制作基本流程，并及时发布在部门主页上。从 2015 年 10 月开始，所有教师因公出访的公务护照及签证等的办理事宜均移交给安徽省人民政府外事办公室。通过制作新的出国流程图，专门为教师们出访较多的国家制作了专门的签证申请流程,并及时在QQ群、部门主页上进行公布。此外,国际合作与交流部还专门召开协调会,就教师们在办理护照、签证过程中反映较多的问题与省外办进行了沟通与协商,简化了部分申报材料,缩短了办证时间,针对特殊情况可进行加急办理。2016年月至今,学校的教师们都能顺利地办好护照、签证材料,反馈良好。最后,2016年沿用中科院办公自动化系统ARP审核与申报学校教师因公出国项目,对申报每个环节均在网上进行审批,极大地方便了广大科研人员,提高了工作效率。ARP系统也使学校能够实时掌握因公出访的统计数据和信息。同时,为了方便教师护照、签证的申请,国际合作与交流部制作各类填报样本,如护照申请填写样本、外交部二维码的签证信息表填写、各国签证表格的填写样本等,并建立了科大因公出境联系群,及时解答护照和签证办理过程中出现的问题,便于教师及时了解最新的护照、签证办理动向。

(7) 创新引智工程。2016年学校联合合肥市政府设立了"大师论坛",计划每年邀请约10位含诺贝尔奖获得者在内的世界一流科学家来校举办讲座,使学生老师有更多机会了解到国际前沿的科学知识和信息,并通过聆听大师的人生经历、奋斗历程以激发脚踏实地献身科学的精神,同时提升学校和地区的国际化水平,促进地区高端人才引进。目前已邀请了11位世界著名学者做客论坛,分别为丁肇中(诺贝尔物理学奖得主)、C. Pissarides(诺贝尔经济学奖得主)、Eric Betzig(诺贝尔化学奖得主)、野依良治(诺贝尔化学奖得主)、丘成桐(菲尔兹奖得主)、H. Michel(诺贝尔化学奖得主)、M. Scully(美国科学院院士)、杨培东(杰出校友、美国科学院院士)、Jean-Marie Lehn(诺贝尔化学奖得主)、Anton Zeilinger(沃尔夫物理学奖得主)、中村修二(诺贝尔物理学奖得主)。讲座场场爆满,座无虚席,取得了很好反响。

(8) 打造品牌项目。"樱花科技计划"是一个日本—亚洲青少年科技交流项目,旨在通过产业界、学术界与官方之间的紧密合作,邀请亚洲的青少年短期访问日本,加深亚洲未来的一代和日本青少年在科学技术领域的交流。在2015年的基础上,2016年中国科学技术大学共派出81名学生和5名带队老师赴日交流(本硕博),共对包括日本东京大学、京都大学、东北大学、新潟大学、国立情报研究所、AIST以及在日本的校友企业进行了为期10—20天的访问。

(9) 积极参与"一带一路"沿线高校交流活动。学校还积极推动与"一带一路"沿线区域以及高校和科研机构的合作。2015年12月,学校领导带队参加中科院与斯里兰卡联合举办的研讨会。2016年3月,受中科院的委托,中国科学技术大学与中非联合研究中心一起在中国科学技术大学举办了全院落实"一带一路"倡议,推动国际科教合作与科技援外工作研讨会。在区域合作方面,2015年9月,学校在兰州成立中国科学技术大学技术转移甘肃中心。2016年5月,学校与甘肃省政府在兰州签署战略合作协议,双方将探索省校合作新机制新模式,在人才培养、产学研协同创新、决策咨询等领域开展深度合作。

参 考 文 献

[1] 艾尔弗雷德·D·钱德勒. 战略与结构[M]. 孟昕，译. 昆明：云南人民出版社，2002.

[2] 别敦荣. 发展规划是大学改革与发展的航标[J]. 高等教育研究，2005，26(4)：55－56.

[3] 柏群，翠菊，叶凯城. 西部高校国际化战略中的利益相关者分析[J]. 中国高等教育评估，2010(4)：42.

[4] 毕家驹. 大学国际化的实践与展望[J]. 高教发展与评估，2005，21(2)：8.

[5] 毕星，翟丽. 项目管理[M]. 上海：复旦大学出版社，2000.

[6] 别敦荣，陈梦. 全球化时代我国大学的国际化战略[J]. 清华大学教育研究，2013(3)：51－53.

[7] 伯顿·克拉克. 探究的场所：现代大学的科研和研究生教育[M]. 王承绪，译. 杭州：浙江教育出版社，2001.

[8] 初旭新，宗刚. 我国研究生教育国际化培养的现状与对策[J]. 研究生教育研究，2015(5)：25.

[9] 常永胜. 大学国际化：背景、内容与评价指标体系[J]. 广东外语外贸大学学报，2008，19(1)：101－102.

[10] 陈宇，曲铁华. 高等教育国际化因素探析[J]. 中国高校科技，2015(1)：74－75.

[11] 陈劲，吴沧澜，景劲松. 我国企业技术创新国际化战略框架和战略途径研究[J]. 科研管理，2004，25(6)：120.

[12] 陈昌贵，曾满超，文东茅，等. 中国研究型大学国际化调查及评估指标构建[J]. 北京大学教育评论，2009，7(4)：130.

[13] 陈厚丰. 中国高等学校分类与定位问题研究[M]. 长沙：湖南大学出版社，2004.

[14] 陈建军，张敏. 集群供应链条件下的企业组织结构研究[J]. 科学学与科学技

术管理,2009(2):106－109.
[15] 陈律.耶鲁大学以学生为核心的国际化战略:基于耶鲁本科生国际交流项目的探讨[J].世界教育信息,2013(14):21.
[16] 陈松林,程家福.21世纪初来华留学生结构状况及变化趋势[J].现代教育管理,2012(8):39.
[17] 陈学飞.高等教育国际化:从历史到理论到策略[J].上海高教研究,1997(11):59－60.
[18] 陈钰芬,陈劲.开放式创新:机理与模式[M].北京:科学出版社,2008.
[19] 崔军,汪霞.从创新人才培养的角度谈大学国际化的应对之策[J].全球教育展望,2009(10):46－49.
[20] 戴忠信,郭雷.论大学国际化的内涵[J].中国电力教育,2004(4):41.
[21] 董辉.挑战与应对:走向国际化的香港高等教育[J].西南科技大学学报,2008(2):36－38.
[22] 丹尼尔·若雷,赫伯特·谢尔曼.从战略到变革:高校战略规划实施[M].周艳,赵炬明,译.桂林:广西师范大学出版社,2006.
[23] 陶晓东.挑战与应对:走向国际化的香港高等教育[J].黑龙江高教研究,2008(2):77－79.
[24] 董泽芳.以变应变:大学发展的动力泉源[J].黄冈师范学院学报,2005,25(2):78.
[25] 丁玲.中美大学国际化实践及发展趋势研究[D].武汉:华中科技大学博士学位论文,2012.
[26] 丁仕潮,周密,李媛.大学国际化:概念模型与发展模式[J].中国高校科技,2014(8):46－48.
[27] 丁仕潮,戚巍,周密.大学国际化风险及防范策略研究[J].研究生教育研究,2014(5):22－26.
[28] 丁仕潮,周密.我国研究型大学国际化战略实施的项目管理方法研究:基于“985工程”大学国际化战略的文本内容分析[J].科技管理研究,2014(9):79－86.
[29] 丁仕潮,周密,李媛.基于AHP的大学国际化风险评价研究[J].科技管理研究,2015(2):59－65.
[30] 但妮.中外高等教育国际化评价指标体系比较研究[D].武汉:华中师范大学,2014:36.
[31] 房东波,程显英.我国大学国际化战略制定与执行研究:以10所国内大学为例[J].中国高教研究,2013(1):21.
[32] 冯倬琳,刘念才.世界一流大学国际化战略的特征分析[J].高等教育研究,

2013,34(6):1.

[33] 弗莱蒙特·仁斯特,詹姆斯·E·罗森兹韦克.组织与管理系统方法与权变方法[M].傅严,李柱流,译.北京:中国社会科学出版社,2000:283.

[34] 范杜芳,周密,丁仕潮.生命周期视角下国际合著论文的国际化水平测度研究[J].科学学与科学技术管理,2016(12):33-40.

[35] 傅毓维,郑佳.我国高等教育资源配置存在的问题及优化对策[J].科学学与科学技术管理,2005(2):72.

[36] 高鹏.高等教育国际化评价标准辨析[J].东北师大学报,2015(3):198.

[37] 甘晖.战略机遇期高等学校的定位及其分层次管理探析[J].中国高等教育,2004(1):4-8.

[38] 谷海玲,廖益.英国高等教育国际化动因分析[J].职业圈,2007(13):119-120.

[39] 高等学校"十二五"科学和技术发展规划[EB/OL].http://baike.baidu.com/view/8262183.htm? fr=aladdin.

[40] 科技部.国家"十二五"科学和技术发展规划[EB/OL].http://www.gov.cn/gzdt/2011-07/13/content_1905915.htm.

[41] 教育部.国家中长期教育改革和发展规划纲要(2010—2020年)[EB/OL].http://news.xinhuanet.com/edu/2010-07/29/c_12389320_2.htm.

[42] 顾丽娜.高校研究生教育国际化策略研究[J].学位与研究生教育,2007(10):112.

[43] 顾建民,薛媛.美国研究型大学的国际化战略[J].高等教育研究,2017(7):100.

[44] 郭永正,梁立明.农业科学领域国际合作的中印比较[J].科学学与科学技术管理,2009(12):25-29.

[45] 郜正荣.全面推进高等教育国际化的几点思考[J].中国高等教育,2016(5):18-20.

[46] 胡建华.中国大学课程国际化发展分析[J].中国高教研究,2007(9):69-71.

[47] 韩涛,谭晓.中国科学研究国际合作的测度和分析[J].科学学研究,2013,31(8):114.

[48] 郝斌,任浩.组织结构模块化设计:基本原理与模型构建[J].商业经济与管理,2009(2):39.

[49] 贺国庆.外国高等教育史[M].北京:人民教育出版社,2006:239-240.

[50] 贺仲雄.模糊数学及其应用[M].天津:天津科学技术出版社,1982.

[51] 洪柳.高等教育国际化背景下我国出国留学现状及分析[J].河北师范大学学报,2013,15(2):30-32.

[52] 侯光明.论中国研究型大学的国际化目标与推进方式[J].理论前沿,2009

(3):13-15.

[53] 胡亦武.中国大学国际化评价及其机制研究[M].广州:华南理工大学出版社,2009.

[54] 胡振华,聂艳辉.项目管理发展的历程、特点及对策[J].中南工业大学学报,2002(9):230-232.

[55] 黄兴.大学实施国际化战略的若干思考[J].教育评论,2013(5):15.

[56] 江永华.提升留学生管理工作风险应对能力的策略[J].管理学研究,2012(7):29.

[57] 江小华,张蕾.中韩研究型大学师资国际化战略及其成效的比较研究[J].高教探索,2017(2):81.

[58] 贾永堂,沈红.世界研究型大学形成与发展的特点及其对我国建设研究型大学的启示[J].科技导报,2003(2):31-35.

[59] 蒋小媛.解读英国伯明翰大学国际化战略[J].湖南医科大学学报,2008,10(1):203-204.

[60] 金炬,马峥,梁战平.从中美合著论文状况看中美科技合作[J].科学学与科学技术管理,2007(5):41-47.

[61] 金晶,何苗,王孝宁,等.不同学科领域自然科学论文学术影响力评价与比较的可行性研究[J].科技管理研究,2010(14):279-284.

[62] 金碧辉,汪寿阳.国际论文与国内论文合一统计方法研究[J].管理科学学报,1999,2(3):59-65.

[63] 杰克·吉多,等.成功的项目管理[M].张金成,等译.北京:机械工业出版社,1999.

[64] 杰拉德·卡斯帕尔.杰拉德·卡斯帕尔谈研究型大学必备的四种特性[N].中国教育报,2002-7-30.

[65] 康宁.高等教育资源配置转型的基本规律及其发展趋势[J].教育研究,2011(4):78.

[66] 龙莎,葛新权.科技论文学术水平评估[J].科技与管理,2007(1):133-135.

[67] 林德明,姜磊.科技论文评价体系研究[J].科学学与科学技术管理,2012(10):11-17.

[68] 赖炳根,周谊.德国高等教育国际化的经验及其启示[J].教育探索,2009(6):140-141.

[69] 黎琳.无边界高等教育的教育理想[J].复旦教育论坛,2003,1(4):47.

[70] 李晓敏.海外留学风险的形式、成因和防范[J].世界教育信息,2010(5):74-75.

[71] 李冬梅,李延勇.美国大学国际化战略的新发展[J].山东省经济管理干部学

院学报,2009(3):129-130.

[72] 李怀斌.经济组织的社会嵌入与社会形塑[J].中国工业经济,2008(7):10.

[73] 李联明,朱庆葆.耶鲁大学建设全球性大学的理念与策略[J].清华大学教育研究,2007,28(4):67-69.

[74] 李枭鹰,陈武元.世界一流大字的本质特征与发展动力[J].开放教育研究,2007,13(1):15-16.

[75] 李盛兵.大学国际化评价指标体系初探[J].华南师范大学学报,2005(6):160.

[76] 李霞,王辉.基于复杂性科学的企业分形管理研究[J].商业研究,2007(12):34.

[77] 李岩松.东亚大学的国际化发展趋势[J].北京大学教育评论,2009,7(2):104-105.

[78] 李艳.高等教育公平:基于财政资源配置的视角分析[J].统计与决策,2010(7):148-149.

[79] 廖雅琪.大学科研国际化意义和作用探讨[J].医学教育探索,2006,5(12):1092-1094.

[80] 林荣日.中国研究型大学综合实力评价指标体系设计[J].中国高等教育评估,2002(2):17-20.

[81] 凌健.新加坡的大学国际化改革特点及其启示[J].比较教育研究,2007(7):83-85.

[82] 刘扬,孙佳乐,刘倍丽,等.高等教育国际化:大学生国际能力测评及影响因素实证研究[J].复旦教育论坛,2015(5):77.

[83] 刘晓黎,张莉,刘磊.研究生教育国际化支撑“双一流”建设的对策研究[J].研究生教育研究,2016(4):11.

[84] 刘娅.基于文献计量的我国基础研究领域国际合作态势分析[J].中国科技论坛,2010(3):149-155

[85] 刘娅.从国际科技合著论文状况看中国环境领域国际科技合作态势[J].中国软科学,2011(6):34-46.

[86] 刘娅.基于文献计量的中国、日本基础研究领域国际科技合作比较研究[J].科学管理研究,2010(4):58-63.

[87] 刘云,朱东华.基础学科国际合作特征的科学计量分析[J].科学学研究,1997(1):35-39.

[88] 刘宝存.美国研究型大学的产生与发展[J].高教探索,2005(1):24-26.

[89] 刘经南,陈闻晋.论培养“有根”的世界公民:中国研究型大学在高等教育国际化进程中的定位[J].中国高教研究,2008(1):4-7.

[90] 刘少雪,刘念才.我国普通高校的分类标准与分类管理[J].高等教育研究,2005(7):40-44.

[91] 刘巍.高等教育国际化发展的动因思考[J].学理论,2010(9):101-103.

[92] 刘艳红,王庆林.大学国际联盟:中国大学国际化战略的新选择[J].北京理工大学学报(社会科学版),2012,14(6):149.

[93] 卢江滨,胥东洋.我国大学国际化建设的基本认识和主要举措探讨[J].理工高教研究,2010(2):6-11.

[94] 卢娜.哈佛大学国际化特点及对中国高等教育的启示[J].中州大学学报,2008,25(2):82-84.

[95] 鲁卿.SWOT分析在企业制定专利战略中的应用研究[D].武汉:华中科技大学,2006:22-10.

[96] 陆根书,康卉.我国"985工程"大学高等教育国际化政策分析[J].高等工程教育研究,2015(1):27-30.

[97] 廉同辉,余菜花.高校哲学社会科学学者学术研究国际化意愿的研究[J].情报杂志,2017(8):188.

[98] 孟照海.高等教育国际化的动因及其反思[J].现代教育管理,2009(7):16-18.

[99] 马陆亭,邱苑华,冯厚植.高校发展战略规划中的多目标决策问题[J].上海高教研究,1997(10):43.

[100] 牛欣欣.大学国际化战略:香港科技大学的经验及启示[J].高教探索,2013(5):62-65.

[101] 彭云,阮鹏.一种定量评价方法在医学科技论文评价中的应用[J].科技管理研究,2009(5):183-186.

[102] 彭小建,徐守坤.高等教育国际化进程中行政管理人员国际化能力培养模式探索[J].教育理论与实践,2015(9):10.

[103] 强百发.基于文化差异下的来华留学生管理[J].现代教育管理,2010(2):90.

[104] 戚安邦,顾静,焦旭东.我国创新型企业面向创新战略实施的项目组合全过程集成管理方法研究[J].科学学与科学技术管理,2010(5):108-109.

[105] 戚安邦.项目管理学[M].天津:南开大学出版社,2003.

[106] 乔治·凯勒.大学战略与规划:美国高等教育管理革命[M].别敦荣,等,译.北京:中国海洋大学出版社,2005.

[107] 邱苑华,等.项目管理学:工程管理理论、方法与实践[M].北京:科学出版社,2001.

[108] 邱芸.地方综合性大学国际化战略选择[J].扬州大学学报(高教研究版),

2012,16(2):7.

[109] 秦东兴. 日本高等教育国际化的新路径[J]. 中国高教研究,2017(3):72.

[110] 单胜江,付达院. 我国本科高校课程国际化的创新路径[J]. 广西社会科学,2017(4):207.

[111] 宋永华,王颖,李敏,等. 研究型大学国际化"4S 发展战略"理论与实践[J]. 教育研究,2016(8):153-158.

[112] 沈曦,沈红. 研究型大学的组织结构[J]. 东北大学学报(社会科学版),2004(4):291-293.

[113] 沈红. 美国研究型大学形成与发展[M]. 武汉:华中理工大学出版社,1999.

[114] 舒志定. 高等教育国际化的现代政治分析[J]. 宁波大学学报(教育科学版),2004(4):34.

[115] 斯蒂芬. P. 罗宾斯. 组织行为学[M]. 孙健敏,李原,译. 北京:中国人民大学出版社,2005.

[116] 任浩. 现代企业组织设计[M]. 北京:清华大学出版社,2005.

[117] 苏芳菱. 大学国际化发展战略研究综述[J]. 魅力中国,2010(3):182-183.

[118] 孙玉萍. 全球化进程中大学文化传播的国际化使命:兼谈三峡大学的国际化发展战略[J]. 长春工业大学学报(高教研究版),2004,25(2):10-12.

[119] 孙钰. 英国高等教育国际化政策研究[J]. 淮南师范学院学报,2009(3):118-120.

[120] 田圣炳,陈启杰. 高等教育资源配置的若干基本理论问题研究[J]. 煤炭高等教育,2004,22(4):39.

[121] 王仙雅. 高校教师国际化科研成果产出影响因素[J]. 科技进步与对策,2017(17):19.

[122] 王祖林. 我国大学院系国际化实施困境与推进策略[J]. 高校教育管理,2017(4):65.

[123] 王华,刘杰梅. 高等教育资源配置模式探析[J]. 当代教育论坛,2004(10):103.

[124] 王敬红,李文长. 高等教育资源配置模式与绩效研究述评[J]. 高校教育管理,2011,5(3):86.

[125] 王靖,张金锁. 综合评价中确定权重向量的几种方法比较[J]. 河北工业大学学报,2001,30(2):57.

[126] 王丽敏. 我国研究型大学国际化发展战略研究[D]. 黑龙江:哈尔滨工程大学,2011.

[127] 王璐,陈昌贵. 高等学校国际化水平评估指标体系构建[J]. 湖北社会科学,2007(1):180.

[128] 王文.论我国大学国际化评价体系的构建[J].社会科学家,2011(7):75-76.

[129] 王文.我国大学国际化评价研究[D].北京:中国矿业大学,2011:16-17.

[130] 王鲜萍.大学国际化发展程度评价指标体系的构建[J].高教发展与评估,2010,26(3):56-58.

[131] 王雁.创业型大学:美国研究型大学模式变革的研究[D].杭州:浙江大学,2005:108-123.

[132] 王英.美国研究型大学早期发展研究[D].保定:河北大学,2006.

[133] 王英杰,高益民.高等教育的国际化:21世纪中国高等教育发展的重要课题[J].清华大学教育研究,2000(2):13-17.

[134] 王英杰.美国高等教育的发展与改革[M].北京:人民教育出版社,1993.

[135] 王战军,孙锐.我国研究型大学的发展动力简论[J].中国高等教育(半月刊),2003(3):18-19.

[136] 王战军.什么是研究型大学:中国研究型大学建设基本问题(一)[J].学位与研究生教育,2003(1):9-10.

[137] 蔚林巍.项目管理的最新进展[J].管理工程学报,2000(3):65-69.

[138] 翁丽霞,陈昌贵.中美研究型大学国际化比较分析[J].高等教育研究,2010,31(12):98-99.

[139] 翁丽霞.中国研究型大学国际化问题研究[D].广州:中山大学,2010:132.

[140] 吴伟,范惠明.研究型大学"三类四维"国际化项目管理机制研究[J].中国高教研究,2015(9):44.

[141] 吴坚.当代高等教育国际化发展[M].北京:人民出版社,2009.

[142] 吴立保.高等教育资源配置的多主体分析及优化策略[J].研究生教育研究,2011(1):24.

[143] 武书连.挑大学 选专业:2010高考志愿填报指南[M].北京:中国统计出版社,2010.

[144] 席酉民,郭菊娥,李怀祖.中国大学国际化发展特色与策略研究[M].北京:中国人民大学出版社,2010.

[145] 夏俊锁.耶鲁大学国际化战略研究:兼论2005与2009年国际化框架[J].高等理科教育,2013(2):53.

[146] 谢海均.高等教育国际化与学校德育:兼论学习型社会的理论与实践[M].上海:上海三联书店,2005.

[147] 谢曼华.论大学发展的内在动力[J].高校教育管理,2007,1(6):17.

[148] 徐岚.韩国大学国际化战略成效及启示[J].全球教育展望,2013(5):115.

[149] 徐建中,那书博,李有彬.高教资源配置状况的模糊综合分析与对策[J].教育探索,2006(9):38.

[150] 徐炜.企业组织结构:21世纪新环境下的演进与发展[M].北京:经济管理出版社,2008.
[151] 许传静.我国大学国际化问题研究[D].重庆:西南大学,2010.
[152] 宣勇.研究型大学的使命与组织结构的选择[J].教育发展研究,2005(11):30-33.
[153] 余洁,王增涛.折中理论视角下高等教育国际化的影响因素研究[J].河南大学学报(社会科学版),2015(9):134.
[154] 薛珊,董礼.大学国际化动力探析[J].黑龙江高教研究,2015(6):6.
[155] 闫树涛,郭伟.地方大学国际化的战略选择[J].中国成人教育,2009(19):9.
[156] 岳洪江,从国际论文看各地优势领域与结构[J].科技进步与对策,2004(1):89-92.
[157] 杨扬.我国高等教育师资国际化的问题与对策[J].全球教育展望,2013(5):109.
[158] 杨蕙馨,冯文娜.中间性组织的组织形态及其相互关系研究[J].财经问题研究,2005(5):55-61.
[159] 杨林,刘念才.中国研究型大学的分类与定位研究[J].高等教育研究,2008(11):23-29.
[160] 杨福玲.大学国际化发展与管理研究[D].天津:天津大学,2011.
[161] 伊继东,张绍宗,铁发宪.高等教育评价理论与实践[M].北京:科学出版社,2009.
[162] 袁锐锷.20世纪西方教育管理思想发展的回顾[J].教育研究,1995(10):28-33.
[163] 詹姆斯·杜德斯达.21世纪的大学[M].刘彤,译.北京:北京大学出版社,2005.
[164] 张爽,闫月勤.行业特色型大学国际化发展数据统计与发现[J].高等工程教育研究,2017(4):25.
[165] 张丹宁,唐晓华.产业网络组织及其分类研究[J].中国工业经济,2008(2):15.
[166] 张安富,靳敏.我国高水平研究型大学国际化发展之路[J].高教发展与评估,2006,22(6):15-17.
[167] 张海鹏.综合性大学国际化战略中的课程体系建设路径[J].黑龙江高教研究,2016(6):146-147.
[168] 张海滨,董维春.中国高水平大学教育国际化表达现状研究[J].中国高教研究,2016(4):89.

[169] 张鹏程,张利斌,侯祖戎,等. 企业核心刚性进化机制研究:基于 CAS 视角[J]. 中国工业经济,2006(7):117-120.

[170] 张芹,朱莉英. 高等教育国际化的内涵、标准与实施对策[J]. 科教文汇,2007(2):1-5.

[171] 张仁德,王昭凤. 企业理论[M]. 北京:高等教育出版社,2003.

[172] 张世红,白永毅. 论大学国际化[J]. 清华大学教育研究,1999(3):25.

[173] 张婷姣. 关于高等学校科研国际化的若干思考[J]. 科技管理研究,2003(6):53.

[174] 张夏莹. 高水平研究型大学组织结构与管理优化研究[D]. 杭州:浙江大学,2007.

[175] 张妍. 大学国际化水平评价指标体系的构建[J]. 中国高等教育评估,2012(1):15.

[176] 张卓. 研究型大学的基本特征和评价体系[J]. 南京航空航天大学(社会科学版),2002(2):44-49.

[177] 曾小军. 日本高等教育国际化:动因、政策与挑战[J]. 高教探索,2017(6):86-87.

[178] 赵风波,范燕瑞. 英属哥伦比亚大学的国际化战略研究[J]. 全球教育展望,2011(5):70-74.

[179] 赵玉璞. 对大学国际化建设的再思考[J]. 中国成人教育,2009(12):16-17.

[180] 赵中建,赵风波. 伯克利分校的国际化战略:实施现状及启示[J]. 全球教育展望,2010(11):52-53.

[181] 郑如青,张琰. 北京大学科研国际合作的成效与发展对策[J]. 北京大学学报(自然科学版),2010,46(5):851.

[182] 郑茹,袁曦临,宋歌. 跨学科战略规划对大学人文社会科学国际化发展的影响[J]. 新世纪图书馆,2017(3):20.

[183] 郑燕,杨颉. 我国高校入围 ESI 世界前 1%学科的现状与趋势[J]. 中国高教研究,2008(12):18.

[184] 赵勇,李晨英. 从高水平国际论文看我国前沿科技的自主创新能力[J]. 中国科技论坛,2013(2):15-21.

[185] 赵立莹. 高等教育评估国际化:动因、特征、指标[J]. 西安电子科技大学学报(社会科学版),2015(5):110.

[186] 钟文一,陈云鹏. 基于引证系数的论文影响力评价方法研究[J]. 情报科学,2011(5):706-712.

[187] 周密,丁仕潮. 高校国际化的组织模式研究[J]. 西北工业大学学报(社会科学版),2011,31(4):85.

[188] 周密,丁仕潮.高校国际化战略:框架与路径研究[J].中国高教研究,2011(9):18-19.

[189] 周密,丁仕潮.我国研究型大学国际化组织结构研究[J].中国高校科技,2014(4):42-46.

[190] 周密,丁仕潮.高校国际化资源配置模式研究[J].中国高校科技,2012(9):74-76.

[191] 周密,丁仕潮.开放式创新模式下的高校国际化渠道构成及管理[J].中国高校科技,2013(4):27-30.

[192] 周文泳,李娜.基于科研过程的科研风险形成规律与防范策略[J].科技进步与对策,2013(1):2

[193] 周颖洁,张长立.试析西方组织理论演变的历史逻辑[J].现代管理科学,2007(5):68-80.

[194] 朱文,张浒.我国高等教育国际化政策变迁述评[J].高校教育管理,2017(2):116.

[195] 朱文沓,史豪杰,王弓,等.从SCI合著论文看中俄两国科技合作[J].中国科技论坛,2008(2):139-144.

[196] 朱俊文,刘共清,尹贻林.项目管理发展综述[J].技术经济与管理研究,2000(1):82-83.

[197] 朱秀林.迈向国际化、多元化与特色化的高水平大学:苏州大学的办学理念与实践[J].中国高教研究,2009(4):55-56.

[198] 朱益明.论教育国际化的驱动因素[J].外国中小学教育,2015(4):11.

[199] 中华人民共和国国民经济和社会发展第十二个五年规划纲要[EB/OL].http://www.npc.gov.cn/wxzl/gongbao/2011-08/16/content_1665636.htm.

[200] Altach P G. Academic freedom: International realities and challenges[J]. Higher Education, 2001, 41(1/2): 587-603.

[201] Altach P G. Peripheries and centers: Research universities in developing-countries[J]. Asia Acific Education Review, 2009, 10(1): 15-27.

[202] Altbach P G. Globalization and the university: Myths and realities in an unequal world, in national education association, the NEA 2005 almanac of higher education[M]. Washington D. C.: National Education Association, 2004.

[203] Altbach P G, Kelly G P. New approaches to comparative education[M]. Chicago: University of Chicago Press, 1986.

[204] Altbach P G. Trends in comparative education[J]. Comparative Education Review, 1991, 35(3): 491-507.

[205] Arum S, Van de Water J. The need for a definition of internationalziation in U. S. universities, in bridges to the future: strategies for internationalizing higher education[M]. Illinois: Association of International Education Administrators, 1992.

[206] Atkinson R. The golden fleece, science education and US science policy[J]. Proceedings of the American Philosophical Society, 1999(3): 407－417.

[207] Atkinsonr, Blanpiei W. Research universities: Core of the US science and technologysystem[J]. Technology in Society, 2008(1): 33.

[208] Barney J B. Looking inside for competitive advantage[J]. Academy of Manangement Executive, 1995,9(4): 101－121.

[209] Bennet P Lientz,et al. Projeet management for the 21 Century[M]. Academic Press,1998.

[210] Chesbrough H. Open innovation, the new imperative for creating and profiting fromtechnology[M]. Havard Business School Press,2003.

[211] De Wit H. Internationalization of higher education in the United States of America and Europe: A historical, comparative, and conceptual analysis [M]. Washington D. C. : Library of Congress Catalog in United States of America,2002.

[212] Dolby N, Rahman A. Research in InternationalEducation[J]. Review of Educational Research, 2008, 78: 684.

[213] Ebuchi K. Foreign students and the internationalization of the university: A view from the Japanese perspective, in procedings of OECD/Japan seminar in higher education and the flow of foreign students[M]. Hiroshima: Hiroshima University, 1990.

[214] Ellingboe B J. Divisional strategies to internationalise a campus portrait: Results, resistance and recommendations from a case study at US universities, in reforming the higher educationcurriculum: Internationalising the campus, Phoenix[M]. Arizona: American Council on Education & Oryx Press, 1998.

[215] J Davidson Frame. The new project management[M]. Hoboken: Jossey Bass publisher,1994.

[216] Graham H, Diamond N. The rise of American research universities: Elites and challengers in the postwarera[M]. Baltimore: Johns Hopkins University Press, 1997.

[217] Hamel G, Heene A. Competence-based competition[M]. John Wiley & Sons Ltd, 1994.

[218] Hamel G, Prahalad C K. Competing for the future[M]. Cambridge: Harvard Business School Press, 1994.

[219] Harati M. Internationalization of higher education, effecting institutional change in the curriculum and campus, long beach, california: center for international education [M]. California: California State University, 1989.

[220] Heene A, Ron S. Competence-based strategic management[M]. Chichester: John Wiley, 1997.

[221] Helleloid D, Bernard S. Organizational learning and a firm's core competence[M]. InG,1994.

[222] Hamel, Heene A. Competence-based competition[M]. Chichester: John Wiley, 1994.

[223] Knight J. Internationalisation of higher education in Asian pacificcountries[M]. Amsterdam: EAIE, 1997.

[224] Knight J. Internationalisation: Elements and check-points[M]. Ottawa: Canadian Bureau for International Education, 1994.

[225] Knight J. Internationalization:Management strategies and issues[J]. Intenational Education Magazine, 1993(9): 21 - 22.

[226] Knight J. Monitoring the quality and progress ofinternationalisation[J]. Journal of Studies in International Education, 2001(5): 228 - 243.

[227] Marginson S. Positioning university in the globalized world: Changing governance and coping strategies in Asia[M/OL] . Hong Kong: Centre of Asian Studies, 2008(8).

[228] Marginson S, Rhoades G. Beyond national states, markets, and systems of higher education: A glonacal agencyheuristic[J]. Higher Education, 2002(43):281 - 309.

[229] Meyer J W, Boli-Bennett J, Chase-Dunn C. Convergence and divergence in development[J]. Annual Review of Sociology,1975(1): 223 - 246.

[230] Mohrman K, MA W, Baker D. The research university in transition: theemerging global model[J]. Higher Education Policy, 2008(1): 5 - 27.

[231] Prahalad C K. New view of strategy: An interview with C. K. Prahalad [J]. European Management Journal, 1995,13(2): 131 - 138.

[232] Salmi J. The challenge of establishing world-class universities [M].

Washington D. C. : The World Bank, 2007.

[233] Schechter M. Internationalising the university and building bridges across disciplines, in Internationalising business education: Meeting thechallenge[M]. Lansing: Michigan State University Press, 1993.

[234] Schoorman D. The pedagogical implications of diverse conceptualizations of internationalization: A U. S. -based case study[J]. Journal of Studies in International Education, 1999(3): 19－46.

[235] Scott J C. The mission of the university: Mediveal to post-modern transformation[J]. The Journal of Higher Education, 2006,77(1): 10.

[236] Vaira M. Globalization and higher education organizational change: A framework foranalysis[J]. Higher Education, 2004, 48: 483－510.

[237] Zha Q. Internationalization of higher education: toward a conceptual frame-work[J]. Policy Futures in Education, 2003(2): 250.